莊子의 눈으로 老子를 보다

莊子의 눈으로 老子를 보다

林語堂 지음 ― 장순용 옮김

學古房

옮긴이의 말

〈장자의 눈으로 노자를 보다〉는 중국이 낳은 세계적인 석학 임어당의 저서 ≪노자의 지혜≫를 번역한 것이다. 〈노자의 지혜〉는 1948년 남등서옥藍登書屋에서 출판되었다.

이 책의 가장 큰 특징은 81장에 걸친 〈노자〉의 각 장을 〈장자〉의 내용으로 해석한 것이다. 즉 임어당은 번잡한 훈고적 해석을 지양하고 〈노자〉와 〈장자〉의 원문을 직접 대조함으로써 노장 사상이 주제로 삼고 있는 무위자연無爲自然의 사상을 독자가 직접 맛보도록 하고 있다. 현실 참여적인 유가가 인위人爲의 수양과 노력을 강조한 반면 무위자연 사상은 인위를 배격하고 자연의 도를 따르는 무위의 삶을 살 것을 주장한다. 이 무위자연의 도가 사상은 인간 세상의 시시비비를 꿰뚫어 보고 시대를 초월한 생명 사상과 세상을 살아가는 지혜를 제시해서 수천 년 동안 한국을 비롯해 중국, 일본의 정신세계를 지배해 왔다. 〈노자〉의 심오한 의미와 〈장자〉의 기발한 착상은 오늘날의 독자들에게도 삶을 바라볼 수 있는 참된 안목을 가져다 줄 것이다.

임어당林語堂(1895.10.10.~1976.3.26.)은 중국 복건성 장주漳州 태생으로 원래 이름 화락和樂인데 나중에 옥당玉堂으로 고쳤다가 다시 어당語堂으로 고쳤다. 중국의 문인文人이자 언어학자, 번역가, 신도가新道家의 대표 인물이다. 어린 시절 미국과 독일에 유학해서 하버드 대학에서 문학석사를 획득했고 독일 라이프찌히 대학에서 언어학 박사를 취득했다. 귀국 후에는 청화 대학, 북경 대학, 하문厦門 대학에서 교수를 역임했다.

저서로는 〈논어〉, 〈인간세人間世〉, 〈우주풍宇宙風〉 등 간행물을 창간했으며, 소설로는 〈경화연운京華烟雲〉, 〈북경호일〉 등이 있고, 산문과 잡문 문집으로는 〈생활의 예술〉, 번역 작품으론 〈동파시문선東坡詩文選〉, 〈부생육기浮生六記〉 등이 있다.

1966년에 타이완에 정착하고 1967년에 홍콩 중문中文 대학 연구교수로 초빙되어서 〈임어당당대한영사전林語堂當代漢英詞典〉을 편찬했다. 1976년에 홍콩에서 향년 80세로 별세했다.

2017년 1월

장 순 용

차례

제2편 도의 교훈

제3편 도의 바탕體

제7편 잠언

도란 무엇인가?

제 **1** 장 영원한 도

말로 설할 수 있는 도는 영원불변한 도가 아니며, 말로 부를 수 있는 명칭도 영원불변의 명칭은 아니다. 무無는 천지天地가 이루어진 시원始源이며, 유有는 만물을 창조해 낳는 근원이다. 그러므로 무無의 입장에서는 항상 명백한 무無의 이치로써 우주간의 변화막측한 경계를 관찰하고, 유有의 입장에서는 명백한 유有의 기원起源으로써 천지간에 사물이 무성히 일어나는 자취의 상象을 관찰한다. 이들 두 낱말은 하나는 무無라 부르고 하나는 유有라 부르지만, 출처는 같은 것으로서 명칭만이 다를 뿐이다. 출처가 동일한 이것을 유현幽玄(깊고 그윽함)이라고 말하니, 유현하고도 유현해서 온갖 묘妙1)함의 관문이다.

---

1) 묘한 도리와 변화가 나오는 근원.

1. 도는 이름 붙힐 수도 없고 말로 설할 수도 없다

태청泰淸이 무궁無窮2)에게 물었다.

「그대는 도를 아는가?」

무궁이 답했다.

「나는 도를 알지 못한다.」

태청은 다시 무위無爲에게 똑같이 물었다. 무위가 대답했다.

「나는 도를 알고 있지.」
「자네가 알고 있는 도를 구체적으로 설명할 수 있는가?」
「있다네.」
「어떻게?」
「내가 알고 있는 도는 귀해지면 제왕이 될 수도 있고 천해지면 머슴이
될 수도 있으며, 한데 뭉치면 주체가 될 수도 있고 흩어지면 죽음이
될 수도 있다.」

태청은 이번에는 무시無始에게 물었다.

「무궁은 도를 알지 못한다고 말했으며, 무위는 자신이 도를 안다고 말
했는데, 누가 옳고 누가 그른 것인가?」

무시가 말했다.

---

2) 태청은 크고 밝다는 뜻이며 무궁은 끝이 없다는 뜻. 뒤에 나오는 무위는 인위적
작위가 없다는 뜻이며, 무시는 비롯하는 시초가 없다는 뜻이다. 모두 도를 의인화
한 것이다.

「도를 모른다고 한 것은 깊고 도를 안다고 한 것은 얕다. 모른다고 한 것은 내면에 속한 것이며, 안다고 한 것은 표면에 불과할 뿐이다.」

그러자 태청은 그 말을 듣고서 탄식하며 말했다.

「모르는 것이 바로 아는 것이고 아는 것이 오히려 모르는 것이니, 어느 누가 모르는 것이 아는 것임不知之知을 알겠는가?」

무시가 대답했다.

「도는 귀로써 들을 수 있는 것이 아니니, 들을 수 있는 도라면 그것은 도가 아니다. 도는 눈으로 볼 수 있는 것이 아니니, 볼 수 있는 도라면 도라고 칭할만한 것이 아니다. 도는 말로써 설할 수 있는 것이 아니니, 설할 수 있는 도라면 이 어찌 최상의 도라고 칭하겠는가? 그대는 도가 형상形相을 형상이게끔 주재하면서도 형상이 되지 않는다는 걸 알고 있는가? 도에는 필경 어떤 명칭도 붙지를 못한다네.」

무시는 계속해서 말을 이어나갔다.

「어떤 사람이 도를 물었을 때 이에 응답한 자는 도를 알지 못하는 사람이며, 심지어 이 도를 물은 사람 역시 아직 도를 듣지 못한 자일세. 도는 물을 수 없는 것이며, 설사 묻더라도 응답할 수 없는 것이다. 물을 수 없는데도 묻는 것은 공허한 물음이요, 응답할 수 없는데도 응답한다면 그 답에 무슨 내용이 있겠는가? 내용이 없는 것으로 공허한 물음에 응답한다면, 그러한 사람은 밖으로는 우주만물을 관찰할 수 없고 안으로는 도의 기원起源을 알지 못할 것이니, 당연히 곤륜3)에도 오르지 못할 것이며 태허太虛의 경지4)에서 노닐지 못할 것이다.

(『장자』 외편 22장 〈지북유〉知北遊)

---

3) 티베트 지방에 있는 산 이름. 신선들이 노니는 신령한 산으로 알려짐.
4) 허공처럼 텅 트여서 아무런 속박이 없는 경지. 도에 통한 경지를 말한다.

2. 도에 대한 분별

옛사람의 지혜는 이미 지극한 경지에 이르렀으니, 얼마나 지극한 경지였던가? 그들은 원래 우주의 시초에는 아직 사물의 존재가 없었다고 여겼는데, 이는 지극하고 지극해서 무엇 하나 덧붙일 수 없는 완벽한 경지이다. 그 다음엔 사물이 존재하긴 했어도 아직은 이것과 저것을 구별하지는 않았다. 그 다음엔 이것과 저것을 구별하긴 했어도 옳고 그름은 알지 못했다.

그러나 이 '옳고 그름'是非의 논쟁이 있게 되자 곧 도에 훼손이 있게 되었으며, 도에 훼손이 있게 되자 그에 따라 사사로운 애착도 생겨난 것이다.

(『장자』 내편 2장 〈제물론〉齊物論)

3. 만물은 하나

노魯 나라에 발뒤꿈치를 잘린 형벌을 받은 왕태王駘라는 사람이 있었는데, 그를 따라 배우는 제자의 수가 공자의 제자와 비슷했다.

공자의 제자인 상계常季가 공자에게 물었다.

「왕태는 발뒤꿈치를 잘린 형벌을 받은 사람인데도 그를 따라 배우는 제자가 선생님을 따르는 제자와 더불어 노나라를 양분할 정도입니다. 그는 제자에게 가르침을 주지도 않고 논의조차 하지 않는데도 그의 제자들은 공허한 상태에서 갔다가 돌아올 때는 충만한 상태로 돌아옵니다.

그렇다면 진실로 언어를 쓰지 않고 어떤 형식조차 없는데도 다만 마음만으로 제자를 교화할 수 있는 사람이 세상엔 있는 걸까요? 그는 도대체 어떤 사람입니까?」

공자가 말했다.

「그 분은 성인이시다. 나도 한번 찾아뵐 생각이었지만 아직 가지 못했을 뿐이다. 나도 장차 그 분을 스승으로 섬기려 하는데, 하물며 나만 못한 사람이겠는가? 게다가 어찌 노나라 뿐이겠는가? 나는 장차 천하 사람을 이끌고서 그의 제자가 되련다!」

「그는 발뒤꿈치를 잘린 형벌을 받았는데도 사람들의 스승이 될 수 있었습니다. 분명 그 사람됨이 높고 뛰어났기에 스승이 됐을 겁니다. 그가 자기의 마음을 어떻게 썼기에 그 정도의 경지까지 이른 것입니까?」

「나고 죽는 일이 하나의 큰사건이긴 하지만, 그는 자기 마음을 다스릴 수 있기 때문에 나고 죽는 일에 따라 변화하지 않는다. 또 하늘이 뒤짚히고 땅이 무너지더라도 그에게는 아무런 영향도 주지 못할 것이다. 참된 진리를 잘 살펴서 사물의 변천과는 함께하지 않지만, 만물의 변화를 능히 주재할 수 있어서 참된 대도의 종지宗旨를 지키고 있다.」

「무슨 말씀이십니까?」

「가령 우주만물이 동일치 않다는 관점에서 보면, 자기의 간과 쓸개처럼 가까운 것도 초楚나라와 월越나라처럼 멀리 떨어져 있는 것이다. 그러나 동일하다는 관점에서 보면 만물이 모두 일체一體에 속하는 것이니, 당연히 구분하여 말할 수 없는 것이다. 이렇듯 만물을 하나로 볼 수 있는 사람은 귀와 눈으로써 시비나 선악을 변별하지 않고 마음을 덕德에 노닐게 함으로서 최고의 조화 세계에 이를 수 있다.

그런 사람은 만물을 하나로 보기 때문에 자기 몸에 무엇을 얻고 잃었는지는 보지 않는다. 그래서 왕태는 발뒤꿈치가 잘린 것을 마치 흙 한덩이가 떨어져 나간 것처럼 여기면서 전혀 중시하지 않는 것이다.」

(『장자』 내편 제5장 〈덕충부〉德充符)

진인眞人이 좋아하는 것은 천인합일天人合一이며 좋아하지 않는 것도 천인합일이다. 천인합일하는 것도 하나이며, 천인합일하지 못한 것도 하나이다. 천인합일한 것은 천天과 더불어 짝이 되고, 천인합일하지 못한 것은 보통 사람과 짝이 되지만, 그는 천天과 보통 사람을 대립적으로 보지 않는다. 이런 사람을 진인眞人이라 부른다.

나고 죽는 것은 천명天命이며, 밤과 낮의 변화가 일정한 것은 곧 자연의 도리라서 사람은 간섭할 수도 없으며 바꿀 수도 없는 것이다. 그런데도 사람들은 특히 천天을 자기생명으로 삼아 마치 어버이처럼 애착하고 있다. 천天에 대해서도 이 정도인데, 하물며 독립초월적인 도에 대해선 어떠하겠는가? 사람들은 나라를 다스리는 임금의 지위를 자기보다 높다고 여겨서 그를 위해 충성을 다하고 죽음까지 달게 받거늘, 하물며 참된 주재자眞君에 대해선 어떠하겠는가?

샘물이 말라서 물고기들이 맨땅 위에서 곤경을 겪게 되자, 물고기들은 입 안의 습기로써 서로를 적셔주고 거품으로 서로를 축여준다. 하지만 이는 강과 호수에서 서로를 잊고 사는 것만도 못한 것이다. 마찬가지로 요堯 임금을 칭송하고 걸桀 왕을 비난하는 것은 둘을 다 잊어버리고 대도大道에 동화하는 것만도 못한 것이다.

대지가 내게 형체를 주어서 삶으로써 나를 수고롭게 하고, 늙음으로써 나를 편안케 하고, 죽음으로써 나를 쉬게 하는 것이니, 나의 삶을 좋다고 여긴다면 당연히 나의 죽음도 좋다고 여기는 것이다!

(『장자』 내편 제6장 〈대종사〉大宗師)

4. 온갖 묘함이 나오는 관문

도는 구체적 사실은 있지만 이를 관찰할 수 있는 출처는 없고, 영속하는 연원淵源은 있지만 비롯하는 근본은 없다. 출생의 처소는 있지만 이를 살필 수 있는 구멍이 없고 구체적 사실은 있어도 그 소재가 확실치 않는 것은 공간宇을 이루며, 영속하는 연원은 있지만 비롯하는 근본이 없는 것은 시간宙을 이룬다.

이처럼 삶도 있고 죽음도 있고 나타남도 있고 소멸함도 있지만, 그 나타나고 소멸하는 과정을 살필 수가 없는 것을 이름하여 '천문'天門이라 한다. 천문은 곧 무유無有[5]인데 만물은 바로 이 무유에서 나오는 것이다.

(『장자』 잡편 제23장 〈경상초〉庚桑楚)

---

5) 공간적으로 어떤 사물도 존재하지 않는 상태를 무유라고 나타낸 것이다.

제2장 만물은 상대적이다

천하 사람은 어느 누구나 아름답다고 하는 것을 아름다움으로 알고 있지만, 이는 추악하다는 관념을 낳게 된다. 또 선하다고 하는 것을 선함으로 알고 있지만, 이는 선하지 못하다는 관념을 낳게 된다. '있음'有도 없고 '없음'無도 없으니, 있다 거나 없다는 것은 서로 상대적으로 생긴 것이다. '어려움'도 없고 '쉬움'도 없으니, 어려움과 쉬움은 서로 상대적으로 이루어진 것이다. '긴 것'長도 없고 '짧은 것'短 도 없으니, 길고 짧은 것은 서로 상대적으로 나타난 것이다. '높은 것'高도 없고 '낮은 것'下도 없으니, 높고 낮은 것은 서로 상대적으로 의존하는 것이다. '음'音도 없고 '소리'聲도 없으니, 음과 소리는 서로 상대적으로 낳아서 어울리는 것이다. '앞'前도 없고 '뒤'後도 없으니, 앞과 뒤는 서로 상대적으로 형성되는 순서인 것이 다. 그러므로 성인은 일을 할 때는 능히 천도天道와 합일하고 자연에 순응하고 무위無爲를 숭상하면서 말 없는 가르침을 실행한다. 만물의 자연스런 생장에 맡겨 서 무위에 순응할 뿐 인위적으로 간섭하질 않으며, 만물이 생장하여도 자기 소유 로 차지하지 않으며, 모든 일을 육성하면서도 그 능력을 스스로 자랑하지 않으며, 만물을 성취하더라도 스스로 그 공功에 머물지 않는다. 이처럼 스스로 그 공功에 머물지 않기 때문에 그의 공적은 오히려 영원히 지속하여 소멸치 않는다.

1. 도의 열쇠―도추道樞

 말이란 바람이 내는 소리와는 다른 것이다;바람이 부는 것은 자연의 무심한 소리이다. 그러나 말이란 것에는 말의 뜻이 있고, 그 말해진 뜻에는 치우친 견해가 있어서 일정치를 않으니, 무엇이 옳고 무엇이 그른지 단정할 수 없는 것이다. 그렇다면 그 말하는 것이 있다고 하겠는가 아니면 없다고 하겠는가? 그리고 그 말이 새새끼가 지저귀는 소리와는 다르다고 분별할 수 있는가 아니면 분별할 수가 없는가?

 도는 무엇에 가리워져 있길래 참과 거짓의 구별이 있는 것이며, 말은 무엇에 가리워져 있길래 옳고 그름의 논쟁이 있는 것일까? 도는 본래 참과 거짓이 없으니, 따라서 어딘들 존재하지 않는 곳이 없다. 말은 본래 옳고 그름의 분별이 없으니, 따라서 능히 말하지 못할 바가 없는 것이다. 도가 가리워진 까닭은 치우친 견해가 있기 때문이며, 말이 가리워진 까닭은 화려한 수식의 말만 좋아할 뿐 '지극한 도리의 말'은 모르기 때문이다.

 그리하여 유가儒家와 묵가墨家의 논쟁[6]이 어나서 상대방이 그르다는 것을 옳다고 하고 옳다고 하는 것을 그르다고 한다. 만약 옳은 것을 그르다고 하고 그른 것을 옳다고 할 양이라면, 이는 밝은 대도를 따르느니만 못한 것이다. 대도에는 이미 분별이 없으며, 분별이 없기에 옳고 그름의 논쟁도 저절로 없어지기 때문이다.

 세간의 일체 사물은 모두 상대적이라서 저것과 이것의 분별이 있다. 저쪽편에서 '그르다'고 보는 것을 자기편에서는 '옳다'고 하니, 상대방의 옳고 그름만을 살피다가 도리어 자기의 결점은 소홀히 한다. 만약 항상

---

 6) 유가는 공자와 맹자의 사상을 종지로 삼고 있는데, 인의(仁義)와 왕도정치(王道 政治)를 내세웠다. 이에 비해 묵가는 묵적(墨翟)의 사상을 종지로 삼아 일종의 박애주의인 겸애설(兼愛說)을 내세워서 유가에 대했음.

자기자신을 반성할 수만 있다면 일체 모든 것이 분명해진다.

상대방의 '그름'만을 보고 자기의 '그름'은 보지 못한다면, 이는 자기는 '옳고' 상대방은 '그르다'고 여기는 것이라서 자기의 옳음과 상대방의 그름이란 관념이 대립하고 있는 것이다. 그러므로 옳고 그름의 논쟁이 생겼다 없어졌다 하면서 그 변화가 일정치 않은 것이다.

어떤 사람이 '이 일은 옳다'고 하자 즉시 다른 사람이 '이 일은 옳지 않다'고 하며, 어떤 사람이 '이것이다'라고 하자 다른 사람은 '저것이다'라고 한다. 오직 성인이라야 옳고 그름의 논쟁을 초탈해서 자연의 대도를 밝힐 수 있는 것이며, 아울러 '옳고 그름'과 '이것과 저것'이 상대적으로 대립하는 것임을 깊이 알아서 분별을 없앨 수 있다.

'이것'이 '저것'이고, '저것'이 '이것'이다. 이것과 저것이 모두 상대방에겐 '그름'이 되고 자기에겐 '옳음'이 되는 것이며, 따라서 이것과 저것에는 저마다 하나의 '옳음'이 있고 저마다 하나의 '그름'이 있다. 그렇다면 '저것'과 '이것'을 궁극적으로 구별할 수 있는 것일까 아니면 없는 것일까? 만약 '이것과 저것'이 상대적으로 응하는 허상임을 체득할 수만 있다면, 그는 이미 도의 열쇠를 얻은 것이다.

저것과 이것이 그 짝을 얻지 못하는 것을 도추道樞라고 하는데, 그 지도리樞가 비로소 둥근 고리의 중심이 되어서 무궁無窮에 응하는 것이니, 옳은 것도 하나의 무궁이요 그른 것도 하나의 무궁일 뿐이다. 이 때문에 '대도의 밝음으로써 비춰보는 것만 못하다'고 하는 것이다.

손가락으로써 손가락의 손가락 아님을 깨우치는 것은 손가락 아닌 것으로써 손가락의 손가락 아님을 깨우치는 것만 못하고, 말馬로써 말의 말 아님을 깨우치는 것은 말 아닌 것으로써 말의 말 아님을 깨우치는 것만 못하니, 이는 천지는 하나의 손가락이요 만물은 하나의 말이기 때문이다. 그런데도 세상에선 좋은 것은 좋다고 하고 좋지 않은 것은 좋지 않다고 한다.

길은 사람들이 자꾸 다녀서 이루어지는 것이고, 사물은 자주 일컫기 때문에 그러한 명칭이 생긴 것이다. 어째서 그런 것일까? 그러하니까 그런 것이다. 어째서 그렇지 않은 것일까? 그러하지 않으니까 그렇지 않은 것이다. 사물에는 진실로 그러한 바가 있고 사물에는 진실로 좋은 바가 있으니, 그러하지 않은 사물이 없으며 옳지 않은 사물이 없는 것이다.

그러므로 이를 위해 작은 풀 줄기와 큰기둥, 문둥이와 서시西施로 비유해 본다면, 이 비유가 변덕스럽고 괴상하긴 하지만 도는 이런 것들을 하나로 통하게 한다. 그 나누어지는 것은 곧 생성되는 것이고, 생성되는 것은 곧 파괴되는 것이니, 무릇 사물은 생성됨도 없고 파괴됨도 없어서 다시 서로 통하여 하나가 된다. 오직 도에 통달한 사람만이 총체적으로 하나가 됨을 알기 때문에 인위적인 견해를 쓰지 않고 자연 그대로의 떳떳함에 맡겨둔다. 자연 그대로의 떳떳함이란 것은 작용(쓰임새)하는 것이며, 작용하는 것은 통하는 것이며, 통하는 것이란 터득하는 것이니, 정확히 터득하면 곧 도에 가까운 것이다. 이렇게해서 끝나는데, 끝났는데도 그렇게 된 까닭을 알지 못하는 것을 도라 일컫는다.

(『장자』 내편 제2장 〈제물론〉)

2. 큰 지혜를 가진 사람

하백河伯[7]이 했다.

> 「사물의 외적인 면인가 아니면 사물의 내적인 면인가? 도대체 어디에
> 다 귀천貴賤과 대소大小의 구별을 둘 수 있습니까?」

---

7) 하백은 황하를 다스리는 신. 뒤에 나오는 북해약은 북해를 다스리는 신으로 '약'은 이름이다.

북해약北海若이 말했다.

「도의 입장에서 보면 사물에는 귀천의 구별이 없다. 그러나 사물의 입장에서 볼 때는 스스로를 귀하다고 하고 상대방은 천하게 여긴다. 또 세속의 입장에서 보면 귀하고 천함은 자기 밖의 외물外物에서 일어나지 자기로부터 말미암는 것은 아니다. 또 차별적인 관점에서 살펴보면 작은 것보다 크다고 한 것에 따라 크다고 한다면 만물은 크지 않은 것이 없고, 큰 것보다 작은 것에 따라 작다고 한다면 만물은 작지 않은 것이 없다. 그리하여 천지의 형상이라도 한 알의 싸라기가 되고 털끝의 형상이라도 산이 된다는 걸 안다면, 만물의 차별상이 상대적임을 볼 수 있을 것이다.

그리고 사물의 공용功用이라는 입장에서 보면, 그 공용이 있는 것에 의거해서 공용이 있다고 한다면 만물은 공용이 있지 않은 것이 없고, 공용이 없는 것에 의거해서 공용이 없다고 한다면 만물은 공용이 없지 않은 것이 없다. 동쪽과 서쪽이 서로 상반되더라도 서로 없을 수 없다는 걸 안다면 공용의 구분이 정해질 것이다.

또 취향趣向의 입장에서 본다면, 옳다고 하는 바에 따라서 옳다고 한다면 만물은 옳지 않은 것이 없고, 그르다고 하는 것에 따라 그르다고 한다면 만물은 그르지 않은 것이 없다. 요堯 임금과 걸桀 왕이 스스로를 옳다고 하고 상대를 그르다고 하는 걸 안다면 취향해나가는 주장도 상대적임을 볼 수 있을 것이다. 옛날에 요 임금과 순舜 임금은 선양禪讓8)으로 황제가 되었는데, 연燕나라 왕 쾌噲도 똑같이 재상인 자지子之에게 왕위를 양보했지만 그 계통이 끊어졌다. 탕왕과 무왕은 정벌을 통해서 왕이 되었는데, 백공白公도 똑같이 정벌을 했지만 멸망하고 말았다. 이런 일들을 살펴본다면, 정벌과 선양의 예절과 요 임금과 걸왕의 행동에는 귀하고 천함이 때時가 있었으니, 귀하고 천함은 항구적이라고 할 수 없는 것이다.

대들보로 쓰는 큰나무는 성벽을 뚫을 수는 있어도 작은 구멍은 막을 수 없으니, 그 도구의 쓰임새가 다르기 때문이다. 준마는 하루에 천리를 달릴 수 있지만 쥐를 잡는데는 삵쾡이만도 못하니, 그 기예技藝가

---

8) 임금의 지위를 어진 사람에게 물려주는 것.

다르기 때문이다. 부엉이는 밤에는 벼룩도 잡고 털끝도 살필 수 있지만 낮에 나오면 눈을 부릅뜨더라도 산조차 보지 못하니, 그 성질이 다르기 때문이다. 그래서 옛말에 "옳음是을 최고로 여겨 그름非을 무시하거나, 다스림治을 최고로 여겨서 어지러움亂을 무시한다면, 이는 천지의 이치와 만물의 실정에 밝지 못한 자이다"라고 한 것이다. 이는 마치 하늘만 중시할 뿐 땅은 무시하며, 음陰만 중시할 뿐 양陽은 무시하는 것과 같아서 실행될 수 없는 것이 뻔하다. 그런데도 그런 것을 주장하면서 버리지 않는다면, 이는 어리석은 짓 아니면 남을 속이는 짓이다.

옛날의 제왕은 선양하는 방법이 달랐고 삼대(三代; 하나라, 은나라, 주나라)도 임금의 지위를 계승하는 방법이 달랐지만, 그 때時를 어기고 세속의 인심을 거스르면 찬탈자簒夫라 불렀고 그 때에 맞고 세속의 인심에 순응하면 정의로운 무리라고 불렀다. 하백이여, 부디 입을 다물게나. 그대가 어찌 귀하고 천함이 나오는 문門과 크고 작음을 구별하는 집家을 알겠는가?」

(『장자』 외편 제17장 〈추수〉秋水)

하백이 말했다.

「그렇다면 내가 천하를 크다고 하고 털끝을 작다고 하면 옳겠습니까?」

북해약이 대답했다.

「아니네. 무릇 사물의 양은 끝없이 무궁하며, 시간 역시 멈출 기약이 없으며, 사물의 분한分限이란 것도 영속되는 것이 아니며, 처음과 끝이란 것도 그 연원을 찾을 길이 없다. 그러므로 큰 지혜를 가진 사람은 사물의 멀고 가까움을 관찰할 수 있기 때문에 작다고 해서 하찮게 여기지 않고 크다고 해서 대단하게 여기지 않으니, 이는 사물의 양이 무궁하다는 걸 알기 때문이다. 또 큰 지혜를 가진 사람은 시간의 과거와 현재를 환히 알기 때문에 일이 멀었다고 해서 번민치 않고 일이 곧 된다고 해서 서둘지 않으니, 이는 시간이 멈출 기약이 없음을 알기 때문이다. 또 큰지혜를 가진 사람은 만물이 가득찼다 비워졌다 하는 것을 살피기 때문에 얻었다고 해서 기뻐하지 않고 잃었다고 해서 걱정하지 않으니, 이는 분한分限이 영속되지 않음을 알기 때문이네. 또 큰지혜를 가진 사람은 죽음과 삶이 한결같은 길임을 알기 때문에 삶이라고 해서 기뻐하지 않고 죽음이라고 해서 싫어하지 않으니, 이는 처음과 끝의 연원을 찾을 수 없기 때문이오.」

(『장자』 외편 제17장 〈추수〉)

3. 부어도 차지 않고 퍼내도 마르지 않는다─천부天府

가령 내가 말한 것과 세상에서 말한 것이 같은 범주인지 같지 않은 범주인지 모르겠다. 같은 범주이든 같지 않은 범주이든 이미 말을 했다면 서로 관여해서 한 범주가 된 것이다. 그렇다면 내가 말한 것과 세상 사람이 말한 것을 어떻게 구별하겠는가?

대도는 본래 언어로써 형용할 수 없는 것이지만, 이제 이 말할 수 없는 가운데서 짐짓 시험삼아 말해보겠다.

사물에 처음이 있다고 하는 자가 있고, 처음은 애초부터 있지 않았다고 하는 자가 있으며, 처음이 애초부터 있지 않았다고 하는 것조차 애당초 있지 않았다고 하는 자가 있다. 또 있다고 하는 자가 있고 없다고 하는 자가 있으며, 있음이나 없음이 애초부터 있지 않았다고 하는 자가 있고, 있음이나 없음이 애초부터 있지 않았다고 하는 것조차 애당초 있지 않았다고 하는 자가 있다. 결국은 있음과 없음인데, 이 있음과 없음이 과연 무엇이 있고 무엇이 없는 것인지 알지 못하겠다. 지금 내가 이미 말한 것이 있지만, 내가 말한 것이 과연 있다고 할는지 없다고 할는지조차 알 수가 없다.

천하에서 털끝보다 큰 것이 없다면 태산이라도 작은 것이 될 수 있으

며, 어려서 죽은 아이보다 오래산 이가 없다면 팽조彭祖라고 요절했다고
할 수 있다. 천지는 나와 더불어 나란히 살아가고, 만물은 나와 더불어
하나가 된다. 이미 하나가 되었다면 다시 무슨 말이 있겠는가? 그러나
이미 하나라고 말을 했으니 말이 없는 것인가? 만물과 내가 '하나'라는
사실과 '말'이라는 것이 합쳐 둘이 되었고, 이 둘은 다시 나누기 전의 하
나와 합쳐 셋이 됐으니, 이렇게 가다보면 아무리 숫자에 밝은 사람이라
도 헤아릴 수 없겠거늘 하물며 보통 사람이 어찌 하겠는가? 그러므로 없
음無에서 있음有으로 나아가는데도 이미 셋이 되는데, 하물며 있음에서
있음으로 나아가는 것이랴! 따라서 나아감을 그치고 자연 그대로에 맡길
뿐이다.

대체로 도란 처음부터 한계가 없지만 말은 애초부터 항구적이지 못한
것이다. 이 때문에 구분하는 경계가 생기는 것이니, 그 구분의 경계를
말한다면 왼쪽이 있고 오른쪽이 있으며, 대강의 논의와 구체적인 토의가
있으며, 분석하는 것과 변별하는 것이 있으며, 앞을 다투는 것과 맞다투
는 것이 있어서 이를 여덟가지 덕德이라 한다.

성인은 육합六合(우주)의 밖을 간직하고는 있지만 논하지는 않으며, 육
합 이내에 대해서는 대강은 말하지만 상세히 논의하지는 않는다. 『춘추』
春秋로 세상을 다스린 선왕의 뜻을 성인은 상세히 논의하긴 하지만 따지
지는 않는다. 그러므로 구분하는 것에는 구분치 않음이 있는 것이며, 따지
는 것에도 따지지 않음이 있는 것이다. 왜냐하면 성인은 도를 가슴 속에
품고있을 뿐이지만, 보통 사람들은 이 도를 따져서 남에게 과시하기 때문
이다. 그래서 '따지는 것은 제대로 보지 못한 것이다'라고 하는 것이다.

무릇 대도란 명칭으로 부를 수 없으며, 참된 변론은 말을 하지 않으며,
참된 인仁은 어질지 않으며, 참된 염치는 사양하지 않으며, 참된 용기는
남을 해치지 않는다. 도가 드러나면 도가 아니고, 말이 따지기만 하면
미치질 못하고, 인仁이 고정되면 성취하질 못하며, 염치가 맑기만 하면

미덥지 못하고, 용기가 남을 해치면 공을 이루지 못한다. 이 다섯가지는 원래 원만한 것이었는데 지금은 거의 모난 것에 가깝다.

그러므로 그 앎이 알지 못하는데서 그친다면 최고라고 할 수 있다. 그 누가 말하지 않는 변론과 말로 표현할 수 없는 도를 알겠는가? 만약 그런 것을 능히 알 수만 있다면, 이를 천부天府라고 일컫는다. 천부는 부어도 차지 않고 퍼내도 마르지 않는데도 그 까닭은 알지 못하니, 이를 보광葆光[9]이라 일컫는다.

(『장자』 내편 제2장 〈제물론〉)

4. 무익한 논쟁보다는 무한의 경지에서 노닐라

가령 자네와 내가 변론을 했다고 하세. 자네가 나를 이기고 내가 자네에게 졌다면, 과연 자네는 옳고 나는 그른 것일까? 또 내가 자네를 이기고 자네가 내게 졌다면, 과연 내가 옳고 자네가 그른 것일까? 어떤 경우는 옳다가도 어떤 경우엔 틀린 것일까? 아니면 둘 다 옳거나 둘 다 틀린 것일까? 나와 자네가 이를 알 수 없다면 다른 사람 역시 판단을 내릴 수 없을 것이네. 그렇다면 우리는 누구를 시켜 이를 바로잡을 수 있을까?

자네에게 동조하는 사람을 시켜 바로잡게 한다면, 그는 이미 자네의 견해와 같으니 어떻게 바로잡을 수 있겠는가? 또 내게 동조하는 사람을 시켜서 바로잡게 한다면, 그는 이미 나의 견해와 같으니 어떻게 바로잡을 수 있겠는가? 나와 자네에게 동조하지 않는 사람을 시켜 바로잡게 한다면, 그는 이미 나나 자네와는 다른 견해를 갖고 있으니 어떻게 바로잡을 수 있겠는가? 또 나와 자네에게 동조하는 사람을 시켜 바로잡게 한다

---

9) 빛을 안으로 갈무리하는 것.

면, 그는 이미 나나 자네와는 같은 견해를 갖고 있으니 어떻게 바로잡을 수 있겠는가? 그렇다면 나나 자네나 제3자이든 모두 알 수 없는 것이니, 또 누구를 기다린단 말인가?

자꾸 변화하는 소리를 기다린다는 것은 기다리지 않는 것과 마찬가지 일세. 만약 기다리지 않을 바에는 차라리 천예天倪[10]로써 시비논쟁을 조화시키고, 만연蔓衍[11]에다 대립된 의견을 맡겨두어야 할 것이니, 이렇게 해야 타고난 수명을 끝까지 누릴 것이네. 천예로써 조화시킨다는 것이 무슨 뜻인가? 옳다는 것과 옳지 않다는 것, 그렇다고 하는 것과 그렇지 않다고 하는 것의 대립 속에서 그 옳다고 하는 것이 진정 옳은 것이라면 그것은 옳지 않은 것과는 다를 것이니 변론이 필요없으며, 그렇다고 하는 것이 진정 그러하다면 그것 역시 그렇지 않은 것과는 다를 것이니 마찬가지로 변론이 필요없다. 이처럼 세월을 잊어서 생사에 얽매이지 않고 논의를 잊어서 시비에 구속되지 않으므로 무한의 경지에서 노니는 것이며, 이 때문에 모든 것을 무한의 경지에 맡겨두는 것이오.

(『장자』 내편 제2장 〈제물론〉)

---

10) 모든 시비를 초월한 자연의 도리.
11) 끝이 없는 변화의 무궁함.

제3장 무위로서 세상을 다스린다

정치하는 사람이 현자賢者의 명성을 숭상하지 않아야 백성들에게 다투는 마음을 유발시키지 않을 수 있고, 정치하는 사람이 얻기 어려운 재화財貨를 진귀하게 여기지 않아야 백성들에게 훔치려는 마음을 유발시키지 않을 수 있고, 정치하는 사람이 명예와 이익에 대한 탐욕을 보이지 않아야 백성들의 마음을 흐트러지지 않게 할 수 있다.

그러므로 성인들의 다스림은 백성들의 마음을 정화淨化하고, 백성들의 배를 충실히 채워주고, 백성들의 욕심을 약화시키고, 백성들의 기골은 강화시킨다.

가령 백성들로 하여금 항상 무지무욕無知無欲의 천진한 상태를 간직토록 한다면, 작위적인 꾀나 경쟁적인 욕망이 없을 것이니, 그렇다면 꾀 많고 궤변이 뛰어난 모사꾼이라도 감히 수작을 부리지 못할 것이다. 이처럼 '무위'無爲로써 세상을 다스린다면 다스려지지 않을 리가 없다.

1. 선善도 없는 세계

문무귀門無鬼가 물었다.

「천하가 고루고루 평등히 다스려지는데도 다시 유우有虞씨가 세상을
다스린 것일까? 아니면 천하가 크게 어지러워진 뒤에야 유우씨가 세상
을 다스린 것일까?」

적장만계赤張滿稽가 대답했다.

「가령 천하가 고루고루 잘 다스려져서 백성들의 소원대로 됐다면 어찌
유우씨에게 천하를 다스리도록 할 생각을 했겠는가? 유우씨가 나라를
다스린 것은 의사가 환자를 기다리는 것과 같아서 대머리에 가발을 씌
우는 격이며 병이 나자 의사를 부르는 격이다. 효자가 약사발을 들고
아버지에게 드릴 때 그 얼굴 빛이 초췌한데12), 성 도 역시 그같은 행위
를 부끄러워 한다. 병이 난 뒤에 치료하는 것보다는 병이 나지 않도록
하는 것이 낫기 때문이다.
그러므로 지극한 덕至德이 있는 세상에서는 현자賢者를 숭상하지도 않
고 재능 있는 자를 쓰지도 않았지만 천하는 잘 다스려졌다. 군주는 높
은 나무가지처럼 묵묵히 있을 뿐 작위적인 행동은 하지 않았으며, 백성
들도 들판에 뛰노는 사슴처럼 유유자적하였다. 사람들의 행위는 단정
하였지만 그것을 의(의로움)라고 생각할 줄 몰랐으며, 서로 사랑했지만
그것을 인仁(어짐)이라고 여길 줄 몰랐다. 또 남을 진실하게 대했지만
그것을 충忠(충성)이라고 생각할 줄 몰랐고, 말과 행동이 일치하였지만
그것이 신信(믿음)이라는 걸 깨닫지 못했으며, 부지런히 도와주면서도
그것을 은혜를 베푼다고 생각지 않았다. 그러므로 그들의 행실은 자취
가 없어서 후세 사람들이 찾을 수가 없으며, 그들이 한 일도 뒷세상에
전해지지 않은 것이다.

(『장자』 외편 제12장 〈천지〉天地)

---

12) 아버지의 병을 자기의 효성이 지극하지 못한 탓으로 보기 때문이다.

2. 기교적인 지혜나 명예욕은 흉기나 다름없다

공자가 안회顔回에게 말했다.

「그대는 덕이 어째서 방탕해지고 지혜가 어째서 나오게 되는지 아는
가? 덕이 방탕해지는 이유는 명예를 좋아하기 때문이고, 기교적인 지혜
가 나오게 되는 것은 경쟁을 다투기 때문이다. 명예를 좋아하는 것은
서로 해치게 되는 주된 원인이며, 기교적인 지혜를 쓰는 것은 경쟁의
도구가 되니, 이 두가지는 흉기와 다름없어서 처세의 준칙으로 써서는
안되니라.」

(『장자』 내편 제4장 〈인간세〉人間世)

3. 지식을 구하고 도를 배우는 것은 본성을 해치는 일이다

집을 짓는데 쓰는 먹줄이나 곡척曲尺, 콤파스 등의 도구를 갖고서 사물
을 규격에 맞춰 바로잡는 것은 그 사물의 본성을 깍는 일이며, 끈으로
묶거나 옻이나 아교로 붙혀서 단단하게 하는 것은 사물의 덕을 해치는
일이다. 마찬가지로 예악禮樂을 받들게 하고 인의仁義에 복종시켜서 천
하 사람들의 마음을 무마하는 것은 사람들의 항구적인 자연의 본성을 잃
게하는 일이다.

천하만물에는 항구적인 자연의 본성이 있다. 이 항구적인 본성에서는
굽은 것도 곡척 때문에 그렇게 된 것이 아니며, 곧은 것도 먹줄 때문에
그렇게 된 것이 아니며, 둥근 것도 콤파스 때문에 그렇게 된 것이 아니
며, 모난 것도 곱자 때문에 그렇게 된 것이 아니며, 붙어있는 것도 옻이
나 아교 때문에 그런 것이 아니며, 묶여있는 것도 끈 때문에 그렇게 된

것이 아니다. 그러므로 천하만물은 자연스럽게 생겨나면서도 그 생겨난 까닭을 알지 못하고, 모두가 똑같이 자기의 처소處所를 얻으면서도 얻게 된 까닭을 알지 못한다. 이는 예나 지금이나 한결같은 것이라서 사람의 힘으로는 추호도 훼손할 수 없는 것이다.

그렇다면 어찌 인의仁義를 가지고 마치 아교나 노끈처럼 사람을 묶어서 도道와 덕德의 영역에서 노닐게 할 수 있으리오? 이는 천하 사람들을 미혹시킬 따름이다. 작은 미혹은 단지 사람들의 방향감각을 바꿀 뿐이지만, 큰 미혹은 사람의 본성까지 바꾸어 버린다. 어떻게 그런 줄을 아는가?

순舜 임금이 인의를 불러들여 천하를 어지럽힌 뒤부터 온천하 사람들이 그 인의 때문에 이리저리 분주해졌으니, 이 어찌 인의가 본성까지 바꾼 것이 아니겠는가?

그러므로 지나치게 눈이 좋은 사람은 5색色13)을 어지럽히면서 겉치장의 색깔에만 탐닉하니, 비록 청색과 황색의 아름다운 무늬가 찬란하긴 하지만 사람들의 눈을 현혹시킬 뿐이다. 이는 잘못된 것이니, 이주離朱가 이에 해당하는 사람이다. 또 지나치게 귀가 밝은 사람은 5성聲14)을 어지럽히면서 6률律15)에만 탐닉하니, 비록 현악기나 타악기, 관악기 등으로 갖가지 음률을 지어냈지만 사람들의 귀를 미혹했을 따름이다. 이 역시 잘못된 것이니, 사광師曠이 바로 그런 사람이다. 또 지나치게 인의를 내세우는 자는 자연스런 덕을 해치고 본성을 막는 것으로써 명성을 얻는다. 그리하여 천하 사람들을 북치고 장구치게 해서 도저히 미치지 못할 법을 받들게하니, 이 역시 잘못된 일로서 증삼曾參이나 사추史추가 해당된다. 또 변론이 지나치게 좋은 자는 마치 기왓장을 쌓고 밧줄에 매듭을 만들듯이 재치있는 글귀나 천착하고 견백동이堅白同異의 궤변16)이나 희

---

13) 기본적인 색깔 청(靑), 황(黃), 적(赤), 백(白), 흑(黑)을 말한다.
14) 기본적인 음계 궁(宮), 상(商), 각(角)치(徵), 우(羽)를 말한다.
15) 옛날 음악의 기본되는 음률을 말한다.

롱하면서 쓸데없는 말만을 자랑하고 있으니, 이 역시 잘못된 것으로 양주楊朱나 묵자墨子가 이에 해당된다. 그러므로 이상의 모든 것은 방문좌도傍門左道(정도가 아닌 길)의 곁가지 길일 뿐 천하의 지극한 정도는 아니다!

저 천하의 지극한 정도는 타고난 본성의 길을 잃지 않는다. 그러므로 발가락이 붙어있다 해도 네 발가락이라 의식치 않고, 손가락이 하나 더 있어도 육손이라고 생각지 않는다. 길다고 해서 그것을 남는다고 생각지 않고, 짧다고 해도 그것을 모자란다고 여기지 않는다. 그러므로 오리 다리가 비록 짧다고 해도 그 다리를 이어주면 근심을 할 것이며, 학의 다리가 비록 길다고 해도 그것을 잘라주면 슬퍼한다. 그러므로 본성상 긴 것을 길다고 해서 자를 것이 아니며, 본성상 짧은 것을 짧다고 해서 이을 것이 아니다. 다만 자연 그대로에 맡겨두면 어떤 근심도 없을 것이다. 생각컨대, 인의란 것도 사람의 진정한 실정은 아닌 것이다. 저 인의를 추구하는 사람들은 어찌 그리 근심이 많은가?

또 발가락이 붙었다고해서 떼어 내면 아파서 울 것이며, 육손이의 손가락이 하나 덧붙었다고 해서 물어뜯으면 역시 소리내어 울 것이다. 이 두 경우는 어떤 것은 수가 하나 더 있고 어떤 것은 하나 모자라지만 근심하는 것은 마찬가지이다. 오늘날 세상에서 인의를 추구하는 사람들은 끊임없이 세상의 우환을 걱정하고 있고, 인의를 추구하지 않는 사람들은 자연스런 본성의 진실을 외면하고 부귀를 탐낸다. 그러므로 생각해볼수록 인의는 사람의 진실이 아닌 것 같다. 하夏나라, 은殷나라, 주周나라의 삼대三代 이래로 천하가 그 얼마나 시끄러웠던가!

(『장자』 외편 제8장 〈변무〉변무)

---

16) 견백석(堅白石)은 굳고 흰 돌을 뜻하는데, 굳은 돌과 흰 돌 두가지라고 주장하는 궤변. 동이(同異)는 서로 다른 것을 합쳐서 같다 하고, 같은 것을 떼어놓고 다르다고 말하는 궤변.

4. 자기를 다스리는 사람에게 천하를 맡길 수 있다

천하를 있는 그대로 방임해둔다는 말은 들었어도 천하를 다스린다는 말은 듣지 못했다. 있는 그대로 두는 것은 천하 사람들이 그 본성을 어지럽힐까 두렵기 때문이며, 방임해두는 것은 천하 사람들이 그 덕을 바꿀까 걱정해서이다. 천하 사람들이 그 본성을 어지럽히지 않고 덕을 바꾸지 않는다면, 천하를 다스리는 것이 무슨 필요가 있겠는가?

옛날 요임금이 천하를 다스릴 때는 천하 사람들을 기쁘게해서 사람들이 그 본성을 즐길 수 있도록 했지만, 이는 진정한 안락함이 아니다. 걸왕이 천하를 다스릴 때는 천하 사람들을 지치게해서 사람들의 본성을 괴롭혔는데, 이는 유쾌하지 못한 것이다. 무릇 진정으로 안락하지도 못하고 유쾌하지도 못하다면 이는 덕德이 아니며, 덕이 아닌데도 영속할 수 있는 것은 천하에는 없다.

사람은 너무 기뻐하다 보면 양陽에 치우치게 되고, 너무 성내다 보면 음陰에 치우치게 된다. 양에도 치우치고 음에도 치우치면 4계절의 운행이 제대로 되지 않고 추위와 더위가 조화를 이루지 못해서 오히려 사람의 몸을 상하게 한다. 그 결과 사람들은 기뻐하고 성낼 때도 균형을 잃어 일정함이 없고, 거처하는 것도 여기저기 일정치 않으며, 생각을 해도 안정됨이 없어 얻는 것이 없으며, 하는 일도 중도에서 그만둬 성취하질 못한다. 그러자 천하 사람들도 비로소 교만해지고 교활해지고 사납게 되어서 나중에 도척盜跖이나 증삼이나 사추같은 선악의 행동이 나오게 된 것이다.

그리하여 온천하를 들어서 착한 사람에게 상을 주려 해도 부족했고, 온천하를 들어서 악한 사람에게 벌을 주려 해도 부족했으니, 천하의 거대함으로도 상벌을 주기에 부족할 정도로 착한 사람과 악한 사람이 수없이 늘어났던 것이다. 그런데도 삼대 이후로는 떠들석하게 상과 벌을 일삼았으니, 사람들이 어느 겨를에 생명의 진실인 자연의 본성에 안주하겠는가?

그러므로 군자가 어쩔 수 없이 천하를 다스리게 될 때는 무위無爲만한 것이 없으니, 무위가 된 이후라야 천하의 사람들도 생명의 자연스런 본성에 안주할 수 있다. 그러므로 자기자신을 천하를 다스리는 일보다 귀하게 여기는 사람이라면 그에게 천하를 부탁할 수가 있고, 자기자신을 천하를 다스리는 일보다 아끼는 사람이라면 천하를 맡길 수가 있다.

따라서 군자가 진실로 오장五臟[17]을 흐트러뜨리지도 않고 총명함을 과시하지도 않는다면, 신주神柱[18]처럼 앉아 있어도 용처럼 약동하는듯이 보이고 깊은 못처럼 잠자코 있어도 우뢰 소리가 울리며, 또 정신이 일단 움직이면 천지만물이 절로 따르고, 조용히 무위인 채로 있어도 만물은 저절로 분분히 일어나니, 내가 어느 겨를에 천하를 다스린다고 하겠는가?

(『장자』 외편 제11장 〈재유在宥〉)

---

17) 심장(心臟), 간장(肝臟), 비장(脾臟), 폐장(肺臟), 신장(腎臟).
18) 신이나 조상신을 모시는 위패.

제4장 빛과 조화하고 티끌과 동화한다

도의 바탕은 허공과 같지만, 그 작용은 무궁무진해서 다함이 없다. 도는 너무도 깊고 깊어서 마치 만물의 종주宗主와 같다. 그래서 도는 그 날카로움을 드러내지 않고, 단순함으로써 복잡한 것을 다루고, 광명이 있는 곳에서는 그 광명과 조화를 이루고, 세속의 티끌이 있는 곳에서는 그 티끌과 동화한다.

도는 유현하고 은밀해서 분명치 않은 듯이 보이지만, 그 유현함과 은밀함 속에서 엄연히 존재하는 듯하다. 그러나 나는 이 도의 실체가 어디로부터 유래했는지 알지 못한다. 다만 천제天帝보다 앞서 있던 것 같다.

* 도는 바다와 같다

공자가 노담老聃에게 물었다.

「오늘은 한가하니 감히 지극한 도에 대해 묻겠습니다.」

노자가 대답했다.

「그대는 먼저 재계齋戒하시오. 즉 마음을 말끔히 씻어내고, 정신을 깨끗이 하며, 지식을 배격해야 하오. 대체로 도란 깊고 현묘해서 말로 나타내기가 어렵지만, 내 그대를 위해 대략이나마 말해보겠소.
밝고 밝아서 똑똑이 보이는 것은 어둡고 어두워서 보기 어려운데서 생겨나고, 형상이 있는 것은 형상이 없는데서 생겨나며, 사람의 정신은 자연의 도에서 생겨나며, 형체의 근본은 정기精氣에서 생겨나며, 그리고 만물은 형체로써 서로 낳는 것이오. 그러므로 아홉 구멍을 가진 사람이나 짐승은 태胎에서 생기고, 여덟 구멍을 가진 새나 물고기는 알에서 생기지만, 그것들은 태어나 올 때도 자취가 없고 죽어서 갈 때도 그 한계가 어딘지 모르오. 들어오고 나가는 문도 없고 조용히 쉬면서 묵을 곳도 없지만, 그것들이 서있는 곳은 사방이 확 트여서 넓고 자유로운 천지의 중심인 것이오.
이 도를 따르는 사람은 사지가 튼튼하고 생각이 트였으며 귀와 눈도 총명하다오. 또 그 마음의 쓰임새도 수고롭지가 않고 사물에 응하는 것도 모나지가 않아서 억매이질 않소. 하늘도 이 도를 얻지 못하면 높을 수가 없고, 땅도 이 도를 얻지 못하면 넓을 수가 없을 것이며, 해와 달도 이 도를 얻지 못하면 운행이 되지 않을 것이고, 만물도 이 도를 얻지 못하면 번창하지 못할 것이니, 이것이 바로 도라는 것이오.
그리고 박학한 자라고 해서 반드시 '아는' 자는 아니며, 변론이 뛰어나다고 해서 반드시 슬기로운 것은 아니니, 성인은 그런 것들을 끊어버렸소. 성인의 명철함은 박식한 변론으로 더한다고 해서 더해지는 것도 아니고, 무언의 침묵으로 줄이려한다 해서 줄어드는 것도 아니니, 이

더하지도 않고 덜하지도 않는 경지야말로 성인이 간직하는 것이오. 그
도는 깊고 깊기가 바다와 같고 높고 높기가 산과 같아서 끝나는가 하면
다시 시작되는 것이니, 이처럼 만물을 운행하면서도 그치지 않는 것이
바로 군자의 도이오. 그렇다고 해서 그 도가 자기 밖에 있는 것은 아니
오. 만물은 모두 이 도를 바탕으로 삼아 운행되면서도 다하는 일이 없
으니, 이것이 바로 도란 것이오.

(『장자』 외편 제 22장 〈지북유〉)

제5장 천지는 무정하다

천지는 무정해서 편애하질 않으니, 만물을 추구芻狗[19]처럼 여겨서 자연 그대로 살아가도록 내버려둘 뿐 어떤 작위를 가하지 않는다. 마찬가지로 성인도 이 천지의 도를 본받아서 백성을 추구처럼 여기니, 사사로운 인정 따위를 베풀지 않고 그들로 하여금 무위자연을 따르게 할 뿐이다.

천지의 사이는 속이 텅 빈 풀무와 같다. 텅 비어 고요하지만 고갈되지 않는 무궁함이 있으며, 움직여서 작용하면 끊임없이 생성하면서 그치질 않는다. 그렇지만 천지의 이 텅 빈 고요함靜과 끊임없는 작용은 하나의 도리일 뿐이다.

우리들은 항상 자신의 보잘 것 없는 총명을 믿고서 자기 주장만 고집할 뿐 상대방의 견해는 인정하려 들지 않는다. 그러나 실제로는 말이 많을수록 도에서 멀어지기 마련이며, 끝내는 실패와 좌절을 초래하게 된다. 따라서 말을 많이 하기보다는 고요한 무위의 도를 지키는 것이 낫다.

---

19) 추구는 짚으로 만든 개인데 제사를 드릴 때 쓰고나선 버리는 것이다. 만물이 자연의 도리에 따라 생장했다 소멸하는 것도 이 추구와 같아서 그 쓰임새가 다하면 버려지게 마련이며, 천지는 이를 전혀 애석해하지 않는 것이다.

1. 천지는 무정하고 성인도 무정하다

허유許由가 자기 스승에 대해 얘기했다.

「내 스승이여, 내 스승이여! 내 스승은 만물을 이루어 놓으면서도 그걸 의義라 생각지 않았으며, 그 혜택을 만세萬世에 끼쳤으면서도 그걸 인仁이라 여기지 않았고, 아득한 상고上古보다 더 오래 살았으면서도 늙었다고 생각지 않으며, 하늘을 덮고 땅을 실어서 온갖 형상을 빚어내면서도 그걸 솜씨라고 여기지 않으니, 이것이 바로 스승이 노니는 경지라네.」

그래서 성인은 군사를 일으켜 적국을 멸망시켜도 인심을 잃지 않으며, 은혜로운 혜택을 만세에 베풀어도 사람을 사랑한다고 여기지 않는다. 그러므로 사물을 융통시키기를 즐기는 사람은 성인이 아니며, 사사로운 친親함이 있는 자는 어진 사람仁人이 아니며, 천시天時를 따지면 현자가 아니며, 이해관계를 달관하지 못하면 군자가 아니다.

(『장자』 내편 제6장 〈대종사大宗師〉)

무릇 크나큰 도는 명칭으로 부를 수 없고, 크나큰 변론은 말하지 않으며, 크나큰 인仁은 인자하지 않고, 크나큰 청렴은 사양하지 않으며, 크나큰 용기는 남을 해치지 않는다. 도가 뚜렷이 드러나면 도가 아니고, 말이 변론만 일삼으면 진실에 이르지 못하고, 인仁이 고정화되면 이루어지질 못하고, 청렴이 결벽하기만 하면 미덥지 못하고, 용기가 남을 해치면 진정한 용기가 되지 못한다.

(『장자』 내편 제2장 〈제물론〉)

2. 도는 아무리 퍼내도 마르지 않는다

장자가 말했다.

> 「도는 연못처럼 깊고 고요해서 움직이지 않으며, 맑고 맑아서 물들지
> 가 않는다...... 그러나 홀연히 출현해서 발동하게 되면 만물이 그를 따
> 르는 것이다... 형상으로는 볼 수 없으며 소리로도 들을 수가 없다. 다
> 만 형상이 없는 그윽함 속에서 홀로 분명히 보고, 소리가 없는 가운데
> 서 홀로 조화의 소리를 듣는다.

(『장자』 외편 제12장 〈천지天地〉)

아무리 부어도 채워지지 않고 아무리 퍼내도 마르지 않는다. 그러면서
도 그 원류源流가 어딘지는 알지 못하니, 이를 보광葆光20)이라 부른다.

(『장자』 내편 제2장 〈제물론〉)

---

20) 빛을 갈무리하는 것. 밖으로 드러난 빛이 아니라 안으로 감싸져 있는 빛으로서
   본래의 도를 간직한 것을 말한다.

제6장 곡신

곡신谷神, 즉 텅 비어있으면서 신묘神妙한 도는 그 조화가 영원토록 무궁무진하다. 이 곡신은 천지만물을 낳는데, 이를 '현빈'玄牝이라 부른다. 이 깊고 현묘한 생식의 문은 천지의 근원이다. 그 지극히 그윽하고 미묘한 바탕은 단절없이 면면히 이어지면서 영원히 있는 듯하고, 그 작용도 쉬임없이 활동하면서 무궁무진하니 천지가 개벽한 이래로 지금까지도 그러하다.

* 만물의 근원

천지는 만물을 낳는 크나큰 공功이 있으면서도 이를 말하지 않고, 사계절은 분명한 법칙을 갖고 있으면서도 이를 의론하지 않고, 만물은 생성의 도리가 있으면서도 이를 설명하지 않는다. 성인은 이 천지의 크나큰 공에 근원을 두고 만물의 이치에 통달해 있다. 그러므로 지인至人과 성인은 어떤 작위도 없는 무위 속에서 천지의 이치를 통찰하는 것이다. 지금 저 신령하고 정묘한 도는 만물과 더불어 일체가 되어 나고 죽고 원만하고 모난 것을 함께 해왔지만, 그 도의 뿌리는 알 수 없는 것이다. 다만 만물이 자연스럽게 옛부터 존재해 왔음을 알 뿐이다.

육합六合이 비록 비할 바 없이 크더라도 도를 떠나 홀로 존재할 수 없는 것이며, 가을의 터럭이 아무리 작더라도 도에 의거해야 그 형체를 이룰 수 있는 것이다. 그리하여 천하만물은 끊임없이 변화하면서 나날이 새로워지고, 음양과 사계절은 운행을 통해서 그 질서를 따르는 것이다.

그러나 이들을 움직이는 근본은 흐리멍덩하여 없는 듯 하면서도 엄연히 존재하고, 무심하여 형상은 없지만 그 작용은 신령스러우며, 만물은 이 도로 인해 길러지지만 스스로는 알지 못한다. 바로 이것을 만물의 근본이라고 일컫는데, 이를 깨달아야 천지자연의 도리를 관찰할 수 있는 것이다.

(『장자』 외편 제22장 〈지북유〉)

제2편

도의 교훈

제7장 도는 사심이 없어서 영원하다

천지는 영원하다. 천지가 영원할 수 있는 까닭은 스스로를 위해 살지 않기 때문이니, 이 때문에 영원히 사는 것이다. 그러므로 성인은 자기자신을 뒤로 돌리기에 남보다 앞서는 것이며, 그 자신을 잊고 남을 위하기에 영원히 존재하는 것이니, 이는 바로 사심私心이 없어서 그런 것이 아니던가? 이 때문에 성인은 사사로움을 벗어난 영원함을 성취하는 것이다.

1. 도는 사심이 없다

소지少知가 태공조太公調[21)]에게 물었다.

「구리丘里의 말이란 무엇을 말합니까?」

태공조가 말했다.

「구리란 열가지 다른 성姓과 백가지 다른 이름을 가진 자가 모여서 저절로 하나의 풍속을 이루는 단위이다. 제각기 다른 것이 합쳐져서 하나가 되기 때문에 이 하나가 흩어지면 각기 다른 것이 된다. 이제 말을 백가지로 나누어서 가리키면 말이라고 할 수 없지만, 그 말을 눈 앞에 매어두고 그 전체를 가리키면 말이라고 할 수 있다. 그러므로 언덕이나 산은 낮은 흙과 돌이 쌓여서 높게 된 것이며, 강물이나 대하大河도 작은 물이 모여서 크게 된 것이다.
이처럼 대인大人은 여러 사람들의 작은 의견을 합쳐서 공평무사함을 이루니, 이 때문에 외부로부터 들어온 의견에 대해 자기주장이 있어도 고집하지 않고, 또 자기 속에서 나온 의견이 정당하더라도 남의 의견을 거부하지 않는다.
봄, 여름, 가을, 겨울의 사계절은 저마다 그 기운이 다르지만 하늘이 어느 한 계절에만 치우치지 않으므로 1년이 이루어지고, 나라의 다섯 가지 벼슬이 각기 그 직분은 다르지만 임금이 특정 관리에게 사사롭게 치우치지 않으므로 나라가 다스려지고, 문文과 무武는 그 자질을 달리 하지만 대인이 어느 한쪽만 사사롭게 두둔하지 않으므로 덕이 갖추어진다. 이처럼 만물은 저마다 이치를 달리하지만 도는 개별적인 사사로움이 없기 때문에 이름名이 없는 것이며, 이름이 없기 때문에 인위적인 작위가 없는 것이며, 인위적인 작위가 없어도 하지 않는 것이 없다.

---

21) 소지(少知)는 사소한 지혜를 의인화 한 것. 태공조(太公調)는 만물의 평등과 조화를 의인화 한 것.

시간에는 처음과 끝이 있고, 세상에는 변화가 있으며, 화禍와 복福은 엎치락 뒤치락 순환하는 것이라서 어느 한쪽에서 어긋나면 다른 쪽에서는 맞아 떨어지기 마련이니, 저마다 자기주장만을 좇아서 방향을 달리하면 한쪽에서 옳다고 하는 일이 다른 쪽에서는 잘못된 일이 된다. 이것을 커다란 늪에다 비유해보면 온갖 재목이 이 늪을 말미암아 자라나는 것과 같으며, 다시 커다란 산에 비유해보면 나무나 돌이 저마다 다르지만 다같이 산을 이루는 것과 같으니, 이를 구리의 말이라고 일컫는 것이다.

(『장자』 잡편 제25장 〈칙양則陽〉)

2. 하늘은 사심없이 덮고 있다.

천지는 만물을 포용하고 싣고 있지만, 털끝만치의 사심私心도 없다.

(『장자』 내편 제5장 〈대종사大宗師〉)

3. 성인은 사심이 없다

장자가 말했다.

「도는 만물을 덮고 실으니 그 얼마나 광활하고 방대한 것인가! 그러므로 군자도 이를 본받아 사심을 버리지 않을 수 없는 것이다. 무위의 태도로서 일을 하는 것을 천天이라 부르고, 무위의 언어로써 말하는 것을 덕德이라 칭하며, 사심없이 남을 사랑하고 만물에 이익을 주는 것을 인仁이라 부르고, 서로 같지 않은 만물을 동체同體로 삼는 것을 대大라 하고, 행위에 별다른 어긋남이 없는 것을 관寬이라 하고, 온갖 만물의 같지 않은 점을 그대로 받아들이는 것을 부富라 한다.

그리하여 덕을 잡아 지니는 것을 기紀라 하고, 덕을 성취하는 것을 입立이라 하고, 대도에 순응하는 것을 비備라 하고, 외부 대상에 뜻이 꺾이지 않는 것을 완完이라 한다.

군자가 이 열가지 이치에 밝다면, 그 마음이 만물을 포용할 정도로 도도히 커지면서 만물이 성대하게 모여들 것이다. 이러할 때 군자는 금을 산에다 그냥 묻어두고 보배 구슬을 연못에 그냥 담가둔다. 그는 재물을 이익되는 것이라 생각지 않고, 부귀영화를 가까이하지도 않으며, 오래 사는 걸 즐기지도 않고, 빨리 죽는 걸 애달퍼하지도 않으며, 출세하는 것을 영예로 생각지도 않고, 궁핍한 것을 추하게 여기지도 않으며, 한 세상의 이익을 얻어도 자기 것으로 여기지 않고, 천하의 왕이 되었다고 해서 영예로운 지위에 있다고는 생각지 않는다. 그에게는 어떤 대립의 분별도 없기 때문에 만물이 하나의 곳간府이요 삶과 죽음이 동일한 모습인 것이다.

(『장자』 외편 제12장 〈천지〉)

제8장 물

최고의 선善은 물과 같다. 물은 만물을 이롭게 하면서도 다투지 않으며, 아울러 뭇사람들이 싫어하는 낮은 곳에 처해 있기 때문에 도에 가깝다.

성인 역시 물과 같다. 따라서 그는 비천한 땅에 머물고, 연못처럼 마음이 깊고, 최선의 인仁으로 베풀며, 가장 미더운 말을 하며, 최선의 다스림으로 바로잡으며, 가장 능률적으로 일하며, 때時에 맞게 움직인다.

성인은 오로지 물처럼 다투지 않을 뿐이지만, 이 때문에 아무런 허물이 없는 것이다.

1. 물은 천덕天德의 상징이다

육체를 고달프게 하면서도 쉬지 않으면 지치고, 정력을 쓰면서도 멈추지 않으면 피로해지니, 정력이 피로해지면 탈진한다. 물도 마찬가지다. 잡된 것이 섞이지 않으면 맑고, 흔들리지 않으면 평탄하지만, 일단 가로막혀서 흐르지 않으면 맑을 수가 없으니, 이는 자연의 운행으로서 천덕天德의 상징이다.

(『장자』 외편 제15장 〈각의刻意〉)

평탄함이란 물이 물결 하나 없이 완전히 정지한 상태입니다. 따라서 이 물을 법칙으로 삼을 수 있는 것이니, 안으로는 고요한 본성을 간직하며 밖으로는 흔들림이 없기 때문입니다. 사람의 덕도 이처럼 조화를 이룬 상태이니, 안으로는 평정을 유지할 수 있고 밖으로는 대상에 동요되지 않기 때문입니다.

(『장자』 내편 제5장 〈덕충부〉)

2. 하늘의 길天道과 사람의 길人道

비록 천하더라도 자연의 과정에 맡겨두지 않을 수 없는 것이 사물이며, 비록 비천하더라도 따를 수 밖에 없는 것이 백성이며, 비록 분명히 드러나진 않았더라도 하지 않을 수 없는 것이 세상 일事이며, 비록 엉성하더라도 반드시 시행할 수 밖에 없는 것이 법이며, 비록 인정과는 소원하더라도 지키지 않을 수 없는 것이 의義이다.

비록 사사로움은 있더라도 넓혀나가지 않을 수 없는 것이 인仁이며,

비록 절제되어 있더라도 쌓아가지 않을 수 없는 것이 예禮이며, 비록 세속을 따르지만 높이지 않을 수 없는 것이 덕德이며, 비록 한결같긴 하지만 변화하지 않을 수 없는 것이 도道이며, 비록 신비해서 알 수 없긴 하지만 행하지 않을 수 없는 것이 천天이다.

그래서 성인은 천지의 묘한 이치를 관찰하더라도 거기다 인위적인 조장을 하지는 않으며, 자연의 덕을 완성하더라도 거기에 인위적인 덧붙힘은 없으며, 대도에 따르는 행동은 하지만 미리 그 행동을 도모하지는 않으며, 인仁에 부합하더라도 이를 자랑하지는 않으며, 의義를 가까이 하더라도 그것을 쌓아두지는 않는다.

또 성인은 예禮에 응하지만 구애받지는 않으며, 세간의 일을 접하더라도 사양하지 않으며, 법에 의해 사물을 바로잡지만 분란을 일으키지 않으며, 백성을 의지하지만 그들을 가벼이 여기지는 않으며, 사물을 따르면서도 그 본원을 벗어나진 않는다.

세간의 사물은 위할만한 것이 아니지만 위하지 않을 수 없는 것이 자연의 이치이니, 천天의 이치에 밝지 못한 사람은 그 덕성이 순수하지 못하며, 대도를 통하지 못한 자는 일마다 장애에 부딪친다. 따라서 이 도에 밝지 못한 사람은 너무나 가련한 것이다!

무엇을 도라 하는가? 이른바 대도에는 천도天道와 인도人道가 있다. 무위인데도 존숭을 받는 것은 천도이며, 인위적인 행위로서 분란을 초래하는 것은 인도이다. 만물을 주재하는 것은 천도이고, 부림을 받는 것은 인도이다. 천도와 인도의 거리가 이처럼 현격하니, 깊이 관찰하지 않을 수 없는 것이다.

(『장자』 외편 제12장 〈재유〉)

제9장 가득차는 것은 위험하다

　　지속적으로 가득찬 상태를 유지하려는 짓은 그것을 그만두는 것만 못하다. 물이 가득차면 넘치듯이, 항상 가득 채우려는 사람은 필경 넘어지기 마련이다. 쇠를 두들겨 끝을 예리하게 하더라도 그 예리함을 영원히 간직할 수 있는 것이 아니다.

　　황금이나 보물을 집에 가득 채운 사람은 비록 부유하긴 하지만 그 재물을 영원히 보존할 수 있는 것은 아니니, 부귀를 누리다가 교만하게 되면 필경은 화를 부르게 마련이다. 다만 공업功業을 이루면 물러날 줄 알아야 하나니, 이런 사람이야말로 천도에 부합한 사람이다.

1. 훤주暖姝와 유수濡需와 권루卷婁

세상에는 자기 주견 없이 남의 의견에만 만족하는 훤주暖姝가 있고, 남의 권위에 기생하면서 안일무사만을 추구하는 유수濡需가 있으며, 외부 대상에 사로잡혀 부질없이 몸과 마음을 괴롭히는 권루卷婁가 있다.

이른바 훤주라는 것은 한 선생의 말을 배우면 그것만을 흡족히 여겨서 득의양양하는 것이다. 스스로는 충분하다고 여기지만 실제로는 '어떤 사물도 비롯되지 않은 경지'를 알지 못하니, 이 때문에 훤주라고 부르는 것이다.

유수라는 것은 돼지에 붙어있는 이와 같은 것이다. 이는 돼지의 성글고 긴 털이 난 곳을 골라 살면서도 그곳을 드넓은 궁전이나 커다란 정원쯤으로 여기고 있으며, 발굽 사이나 젖통 사이나 사타구니를 안전한 방이나 이로운 처소로 생각한다. 그러다가 백정이 팔을 휘둘러 돼지를 죽인 뒤에 풀을 깔고 불을 지피는데도, 이라는 놈은 자기가 돼지와 함께 타죽는 줄을 모르고 있다. 이것은 자기가 사는 곳에 집착하다가 그 환경에 따라 살기도 하고 죽기도 하는 것이니, 이를 유수라고 부른다.

권루라는 것은 순 임금같은 사람이다. 무릇 양고기는 개미를 그리워하지 않지만 개미는 양고기를 그리워하는 것이니, 이는 양고기에 누린내가 나기 때문이다. 순 임금에게도 누린내 나는 행동이 있었기 때문에 백성들이 그를 좋아해 모여들었다. 그래서 세 번이나 이사를 했지만 그때마다 백성들이 모여들어 도읍을 이루었고, 등鄧이라는 고을에 이르렀을 때는 10여만호가 생겼었다.

그래서 요 임금은 순이 현자라는 소문을 듣고는 그에게 황무지를 주면서 말했다.

「부디, 이곳에 와서 백성들에게 은혜를 베풀어 주시오.」

순은 그 황무지로 가서 다스렸는데, 나이가 들어 총명함이 쇠퇴했어도 돌아가 쉴 줄을 몰랐으니, 이것이 소위 권루라는 것이다.

(『장자』 잡편 제24장 〈서무귀徐無鬼〉)

2. 재물의 위험성

만구득滿苟得[22)이 했다.

「부끄러움을 모르는 자가 부자가 되고, 말이 많은 사람이 출세를 한다.」

(『장자』 잡편 제29장 〈도척盜跖〉)

3. 유교는 배울만한 것이 못된다

유가儒家의 사람들은 『시경』詩經과 『예기』禮記에 의거해서 무덤을 파헤친다.

어른인 유학자가 밑에서 무덤을 도굴하고 있는 젊은 유학자에게 말했다.

「동이 터오고 있다. 일은 어떻게 되가고 있느냐?」

젊은 유학자가 무덤 속에서 대답했다.

「아직 시체의 속옷을 벗기지 못하였지만, 입에는 구슬을 물고 있군요.

---

22) 이익을 탐내는 사람을 의인화 한 것.

시경에서도 '푸르고 푸른 보리 무덤가에 우거졌네. 살아서 베푼 적이 없는 놈이 어찌 죽어서는 구슬을 물고 있는가?'라고 얘기했습니다.」

그리고는 시체의 머리털을 잡고 턱 밑을 누르고 난 뒤, 쇠뭉치로 턱을 쳐 천천히 볼을 벌려서 입 안의 구슬을 손상없이 훔쳐냈다.

(『장자』 잡편 제26장 〈외물外物〉)

4. 겸손

정고보正考父는 맨처음 선비士에 임명되자 등을 굽히고, 다시 두번째로 대부大夫에 임명되자 허리를 굽혔으며, 세번째로 경卿에 임명되자 몸을 엎드리듯이 해서 담을 따라 달려갔으니, 어느 누가 그의 겸손을 본받지 않겠는가!

그러나 지금의 범속한 사람들은 맨처음 선비에 임명되면 잘난 체를 하고, 두번째로 대부에 임명되면 수레 위에서 춤을 추며, 세번째로 경에 임명되면 큰아버지의 이름도 마구 부를 정도이다.

(『장자』 잡편 제32장 〈열어구列御寇〉)

5. 양 잡는 백정 이야기

초나라 소왕昭王이 전쟁에 져서 나라를 잃고 도망칠 때, 양 잡는 백정인 열說도 달려가서 소왕을 따랐다. 그 뒤 소왕이 다시 나라를 되찾자, 그는 자기를 따랐던 사람들에게 상을 주고자 했다. 이윽고 양 잡는 백정인 열의 차례가 되자, 그는 왕의 사자에게 말했다.

「대왕께서 나라를 잃었을 때 저는 양 잡는 직업을 잃었고, 대왕께서 나라를 되찾자 저 역시 양 잡는 직업을 되찾았습니다. 따라서 제 지위는 이미 회복된 것인데, 다시 무슨 상을 주신단 말씀이십니까?」

이 말을 들은 소왕이 '억지로라도 상을 주라'고 하자, 양 잡는 백정 열은 다시 말했다.

「대왕께서 나라를 잃은 것은 저의 죄가 아닙니다. 따라서 나라를 잃은 데 대한 벌을 제게 내린다면 저는 결코 승복하지 못할 것입니다. 또 대왕께서 나라를 되찾은 것도 저의 공이 아닙니다. 그러므로 저는 대왕께서 내리는 상을 감히 받을 수가 없습니다.」

사자에게 말을 전해들은 소왕은 「내가 직접 그를 만나보겠다」고 말했다. 그러자 양 잡는 백정 열이 다시 말했다.

「초楚나라 법에는 반드시 커다란 상을 받거나 큰 공을 세운 뒤라야 왕을 뵈올 수가 있습니다. 그런데 지금 저의 지혜는 나라를 위기에서 건질만한 것도 못됐고, 용기도 적과 싸워 죽을 정도가 되지 못했습니다. 오吳나라 군사가 초나라 수도인 영郢으로 쳐들어왔을 때도 저는 위난이 두려워 적을 피한 것이지 일부러 왕을 따른 것이 아닙니다. 그런데도 지금 왕께서는 나라의 법을 어기고 규약을 훼손하면서까지 저를 만나시려 하니, 이는 저를 천하 사람들로부터 비난을 받게 할 뿐입니다.」

결국 양잡는 백정 열은 끝내 상을 받지 않았다.

(『장자』 잡편 제28장 〈양왕讓王〉)

제10장 하나의 도를 지킨다

혼백魂魄을 타고 하나―(무위자연의 도)를 지키면서도 일탈하지 않을 수 있는가?

기운을 전심전력으로 모아서 부드러움을 이룬 것이 어린 아이와 같을 수 있는가?

현묘한 마음의 거울에 끼인 때를 말끔히 씻어내서 터럭만한 흠도 없을 수 있는가?

나라를 사랑하고 백성을 다스리면서도 무위자연의 상태일 수 있는가?

보고 듣고 말하고 침묵하는 등 감각 기관을 활동하면서도 여성적인 허정虛靜;텅 빈 고요함을 지킬 수 있는가?

사통팔달하는 지혜를 갖고 있으면서도 무지無知인 채로 있을 수 있는가?

만약 이렇게만 할 수 있다면 만물을 낳고 기를 수가 있다. 그러나 만물을 낳으면서도 소유하지 않고, 만물을 웅성케 하면서도 자기 능력이라고 자랑하지 않으며, 만물을 길이길이 기르면서도 자기가 주재한다고 보지 않으니, 이것을 현묘한 덕玄德이라고 부른다.

1. 영원한 도와 하나가 되서

남영추南榮趎는 식량을 짊어지고 7일 밤낮을 달려서 노자의 처소에 이르렀다.

노자가 그에게 물었다.

「그대는 경상초에게서 왔는가?」

남영추가 대답했다.

「그렇습니다.」
「그대는 어째서 데리고 온 무리들이 그리 많은가?」

남영추는 놀랍고 이상해서 자기 뒤를 돌아보았다. 그 모습을 보고 노자가 웃으면서 말했다.

「그대는 내가 말한 뜻을 모르는가?」

이 말을 들은 남영추는 고개를 숙이고 부끄러워하다가 다시 머리를 쳐들고 탄식하면서 말했다.

「지금 저는 어떻게 대답해야할지 잊어버렸고, 무엇을 물어야 하는지도 잊어버렸습니다.」
「그게 무슨 말인가?」
「제가 지혜롭지知 못하다면 사람들은 저를 어리석다고 할 것이며, 제가 지혜롭다면 반대로 제 몸을 수고롭히는 것입니다. 제가 어질지仁 않으면 남을 해치게 되고, 어질다면 도리어 내 몸을 괴롭힐 것입니다. 제가 의롭지義 않다면 남에게 상처를 입힐 것이고, 의롭다면 오히려 나 자신을 괴롭힐 것입니다. 그러하니 제가 어찌해야 이런 것들로부터 벗어날 수 있을까요? 이 지知, 인仁, 의義 세가지 말은 제가 항상 괴로와하는 것이니, 이 때문에 경상초에게 소개를 받아서 선생님을 찾아와 묻는 것입니다.」

「나는 아까 그대의 눈썹 사이를 보고 자네가 뭔가 의문을 품고 왔다는 걸 알았지. 이제 그대의 말을 듣고보니 더욱 확실해졌네. 그대가 번거롭게 이것저것 생각하는 따위는 마치 부모를 잃은 사람이 낚싯대를 들고 바닷가에서 부모를 찾아다니는 것과 같네. 그대는 본성을 잃은 사람이니, 참으로 답답하고 막막한 상태일세. 그대는 자신의 본성을 회복하려고 하지만 들어갈 길이 없으니, 너무나 가련하구만!」

남영추는 노자에게 청하여 그의 집에 들어갔다. 거기서 그는 노자가 좋아하는 도를 구하고 그가 싫어하는 인의를 버리려고 열흘 동안 이리저리 골몰하다가 다시 노자를 뵈었다. 노자가 그에게 말했다.

「그대는 마음 속 묵은 때를 씻어냈는가? 무언가 익어가는 것 같구만. 그러나 아직 마음 속에선 나쁜 버릇이 여전히 배어나오고 있네. 대체로 외부 경계에 끄달리는 자는 그 번잡함을 다스릴 수 없으니, 반드시 내면의 마음을 닫아야 한다. 내면의 마음이 끄달리는 자는 그 엉클어진 번뇌를 다스릴 수 없으니, 반드시 외부의 감각 기관을 닫아야 한다. 그리고 안과 밖이 모두 끄달리는 자는 도道와 덕德을 지닐 수 조차 없는데, 하물며 대도에 자신을 맡겨 유유자적할 수 있겠는가?」

남영추가 대답했다.

「어떤 사람이 병이 났는데 이웃 사람이 문병을 왔습니다. 이때 환자가 자기 병의 상태를 잘 말할 수 있다면, 그 환자는 아직 병이 심한 환자는 아닐 것입니다. 지금 제가 대도에 대해 들은 것은 마치 환자가 약을 먹고서 병을 덧들인 것과 같습니다. 저는 선생님께 생生을 영위하는 법도를 듣고 싶을 뿐입니다.」

노자가 말했다.

「생을 영위하는 법도란 대도와 하나가 되서 자기 본성을 잃지 않는 것
이며, 점 치는 따위로 길흉을 아는 일이 없는 것이며, 자기 본분에 편안
히 머물 뿐 외적 대상을 추구하지 않는 것이며, 남의 일을 좇지 않고
스스로에게 구하는 것이며, 아무런 구속이 없는 것이며, 사물의 본성에
순응하는 것이며, 어린애와 같아지는 것이다.
어린애는 온종일 울어도 목소리가 쉬질 않으니 자연과의 조화가 지극
하기 때문이며, 온종일 주먹을 쥐고 있어도 손이 굳어지지 않으니 자연
의 덕과 함께하기 때문이며, 온종일 보고 있어도 눈을 깜박이질 않으니
어느 대상에 마음이 사로잡혀 있지 않기 때문이다. 가도 어디로 가는지
를 모르고 머물러 있어도 해야 할 바를 모르니, 이처럼 자연 그대로에
순응하면서 물결치는 대로 함께 가는 것, 이것이야말로 생을 영위하는
법도인 것이다.

(『장자』 잡편 제23장 〈경상초〉)

2. 하늘의 벗天徒과 사람의 벗人徒

안회가 말했다.

「마음 속이 정직한 사람은 하늘과 벗이 됩니다. 하늘과 벗이 된 사람이라
면 천자와 자기가 모두 하늘의 자식임을 알 것이니, 자기 말을 남이
옳다고 하든 옳지 않다고 하든 무슨 상관이겠습니까? 이런 자를 사람들
은 '천진한 아이'童子라고 부르니, 하늘과 벗이 된 사람이라 하겠습니다.
겉모습이 부드러운 이는 사람과 벗이 됩니다. 손에 홀笏을 잡고 무릎을
꿇으면서 몸을 굽혀 절 하는 것은 신하의 예의로서 누구나 다 그렇게
하는데 내 어찌 감히 안할 수 있겠습니까? 남들이 하는대로 한다면 남
들도 나를 헐뜯지 않을 것이니, 이를 사람과 벗이 된다고 합니다.」

(『장자』 내편 제4장 〈인간세人間世〉)

제11장 무의 쓰임새

30개의 바퀴살은 하나의 바퀴통에 둥글게 꽂혀있지만, 그 바퀴통 복판의 비어있는 무無에 의해서 수레가 굴러가는 작용을 하는 것이다. 흙을 이겨서 그릇을 만들지만, 그릇의 비어있는 무無에 그 그릇의 쓰임새가 있다. 문이나 창을 내서 방을 만들지만, 그 방의 비어있는 공간無에 방의 쓰임새가 있다.

그러므로 유有의 유익함이란 무無의 작용에서 나오는 것이다.

1. 무無의 쓰임새

눈이 잘 보이는 것을 눈이 밝다고明 하고, 귀가 잘 들리는 것을 귀가 밝다고聰 하고, 코가 잘 트인 것을 냄새를 잘 맡는다고顫 하고, 입이 맛에 민감한 것을 맛을 잘 안다고甘 하고, 마음이 사물과 잘 통하는 것을 앎知이라 하고, 그 지知가 사물에 통달한 것을 덕德이라 한다.

무릇 도는 막히는 것을 좋아하지 않는다. 도가 막히면 목이 메는 것과 같아서, 목이 멘 채로 그대로 있으면 숨을 쉴 수가 없고, 숨을 쉴 수가 없으면 온갖 장애가 발생한다. 만물 중에서 지知를 갖춘 것은 숨 쉬는 것으로 생명을 유지하는데, 그 숨이 충분치 못한 것은 하늘의 죄가 아니다. 원래 하늘은 밤낮을 쉬지 않고 구멍을 뚫어서 기氣를 유통시키지만, 사람이 도리어 자연을 따르지 않고 그 구멍을 막아버린다.

사람의 오장육부 속엔 겹겹이 빈 곳이 있어서 이를 통해 숨을 쉬고 있으며, 마음 역시 비어있어서 천연 그대로 노닐 수 있는 것이다. 방 안에 빈자리가 없으면 시어머니와 며느리가 장소를 다투듯이, 마음 역시 천연 그대로 노닐지 못하면 육근六根의 감각이 서로 다투게 된다. 속세를 벗어나 커다란 숲이나 높은 산을 좋아하는 사람은 그 정신이 이 육근의 시달림을 견디지 못했기 때문이다.

(『장자』 잡편 제26장 〈외물〉)

2. 무용無用의 쓰임새

혜자惠子가 장자에게 말했다.

「자네의 말은 실제로는 아무 쓸모가 없네.」

장자가 말했다.

「쓸모 없음無用을 알아야 비로소 쓸모 있는 것을 말할 수 있다네. 무릇 대지는 광대하기 짝이 없지만, 사람에게는 겨우 발을 디딛는 땅만이 필요할 뿐이네. 그렇다고 해서 발로 디디고 있는 땅만 남겨놓고, 그 나머지 땅을 파내려가 황천黃泉까지 이르게 한다면, 그때도 사람들은 밟고 있는 그 땅을 쓸모있다고 하겠는가?」
「쓸모가 없소.」
「그렇다면 '쓸모 없음'이 실제로는 '쓸모 있음'이라는 것이 분명하구만.」
(『장자』 잡편 제26장 〈외물〉)

발이 땅을 밟을 때 비록 밟은 부분은 매우 작더라도 밟지 않은 넓은 땅이 있음을 믿고나서는 안심하고 걸을 수 있다.
(『장자』 잡편 제24장 〈서무귀〉)

3. 스스로에게 꼭 맞다—자적自適

솜씨 좋은 목수 공수工수가 줄을 그으면 먹줄이나 콤파스보다 정확했다. 그의 손가락이 대상과 합일을 이룬지라 생각으로 헤아릴 필요조차 없었다. 그래서 그의 정신은 전일專一해져서 대상의 구속을 받지 않았다.
발의 존재를 잊는 것은 신발이 꼭 맞기 때문이며, 허리의 존재를 잊는 것은 허리띠가 꼭 맞기 때문이며, 옳고 그름을 잊을 줄 아는 것은 마음이 자연 그대로에 맞기 때문이며, 마음이 내적으로는 변함이 없고 외적으로는 대상에 끌리지 않는 것은 자기 처지에 안주하여 항상 편안하기 때문이다. 이 자적自適에서 시작하여 항상 자적의 경지에서 머무는 것이야말로 '자적조차 잊은 자적'의 경지이다.

(『장자』 외편 제19장 〈달생達生〉)

제 **12** 장   감각적 쾌락의 해로움

현란한 색채만을 추구하는 것은 사람의 눈을 멀게 하니, 그때는 보아도 보이지 않는다. 다채로운 소리만을 추구하는 것은 사람의 귀를 먹게 하니, 그때는 들어도 들리지 않는다. 맛있는 음식만을 추구하는 것은 끝내 사람의 미각을 상하게 하니, 그때는 먹어도 맛을 알지 못한다. 마구 말을 몰아대면서 사냥을 하는 것은 사람의 마음을 미치게 만들어서 안정되지 못하게 한다. 얻기 어려운 귀중한 재물만을 추구하는 것은 끝내 사람을 타락시켜 파멸로 인도한다.

그러므로 성인의 생활은 단지 배만 불릴 뿐 감각의 쾌락을 좇지는 않는다. 성인은 외적 대상에 유혹되지 않고 항상 본연의 천진天眞을 지킨다.

1. 감각적 쾌락은 사람의 본성을 파괴한다

대체로 자기 본성을 상실하는데 다섯 가지 요인이 있다. 첫째는 다섯 가지 빛깔이 눈을 어지럽혀서 밝게 보지 못하도록 하는 것이며, 둘째는 다섯 가지 소리가 귀를 어지럽혀서 청각을 둔하게 하는 것이며, 셋째는 다섯 가지 냄새가 코를 찔러서 코가 마비되고 머리를 아프게 하는 것이며, 넷째는 다섯 가지 맛이 입맛을 혼탁하게 하여 맛을 알 수 없도록 만든 것이며, 다섯째는 취하고 버리는 행위가 마음을 어지럽혀서 본성을 들뜨게하는 것이다. 이 다섯 가지는 모두 삶을 해치는 것이다 그런데도 양주楊朱나 묵자는 이런 것들을 찾아내서 스스로 얻었다得고 생각한다.

그러나 그들이 얻었다고 하는 것을 나는 얻었다고 보지 않는다. 그들의 얻음은 곤궁한 상태에 지나지 않는데, 어찌 그걸 얻었다고 하겠는가? 그렇다면 비둘기나 올빼미가 새장 속에 있는 것도 얻었다고 할 수 있을 것이다. 또 안으로는 취사선택하는 분별이나 감각적인 욕망으로 마음을 꽉 막아 놓고, 밖으로는 갓을 쓰고 홀笏을 허리에 꽂고 띠를 길게 늘여뜨려서 몸을 치장하고 있다. 이처럼 안으로는 마음이 울타리로 막혀 있고 밖으로는 몸이 몇 겹의 끈으로 묶여 있으면서도 스스로 얻었다고 여긴다면, 이는 마치 죄인이 뒤로 묶여 결박이 지워지거나, 호랑이와 표범이 우리 안에 갇혔으면서도 스스로 얻었다고 하는 것과 마찬가지다.

(『장자』 외편 제12장 〈천지〉)

2. 강물과 바람과 태양

바람이 강물 위를 불면 강물은 줄어드는 손해를 보고, 태양이 강물 위를 비춰도 강물은 줄어드는 손해를 본다. 하지만 바람과 태양이 아무리 불고 내려쬐도 강물은 전혀 흔들림이 없으니, 까닭인즉 강물은 근원(즉 水源)을 믿고 흐르기 때문이다.

그러므로 물은 흙과 불가분의 관계로 두루 스며들고, 그림자는 형체와 불가분의 관계로 항상 붙어다니는 것이니, 이처럼 사물은 서로서로 불가분의 관계인 것이다. 그러나 눈이 너무 밝으면 외부 대상에 이끌리기 쉬워서 위태롭고, 귀가 너무 잘 들어도 역시 대상에 끌리기가 쉬워서 위태로우며, 마음도 너무 지식만을 추구하면 대상에 끌려서 위태롭다. 이처럼 감관의 기능이란 것은 대상에 끌리기가 쉬워 위태로운 것이다. 이 위태로움이 일단 쌓이게 되면 고칠래야 고칠 수가 없어서 화禍가 더욱 커질 것이다. 그때는 자연 그대로의 본성으로 돌아가려 해도 많은 공功을 쌓아야 할 것이며, 그 결과도 오래 기다려야 할 것이다. 그런데도 사람들은 이 기능을 자기 보배로 삼고 있으니 이 또한 슬프지 않은가! 그러므로 나라를 망치고 백성을 죽이는 일이 그치지 않는 것은 이런 점을 물을 줄 모르기 때문이다.

(『장자』 잡편 제24장 〈서무귀〉)

3. 외적 대상이 본성을 변화시킨다

삼대 이래로 천하 사람들치고 외적 대상에 의해 자기 본성을 바꾸지 않은 자가 없었다. 소인은 이익을 위해 몸을 바쳤고, 선비는 명예를 위해 몸을 바쳤고, 대부는 가문을 위해 몸을 바쳤고, 성인은 천하를 위해 몸을 바쳤다. 이들은 하는 일도 서로 다르고 명성도 달랐지만, 본성을 해치고 자기 몸을 죽였다는 점에선 마찬가지였다.

사내종과 계집종 두 사람이 양을 치고 있다가 둘 다 양을 잃어버리고 말았다. 사내종에게 '어쩌다 잃어버렸냐?'고 묻자 그는 '책을 읽다가 잃었다'고 하고, 계집종에게 '어쩌다 잃어버렸냐?'고 묻자 그녀는 '놀음을 하다가 잃었다'고 한다. 이 두 사람은 한 일은 서로 달랐지만 양을 잃었다는 점에선 같다.

(『장자』 외편 제8장 〈변무〉)

제13장 명예와 굴욕

사람들은 명예를 받을 때나 굴욕을 받을 때나 흥분을 감추지 못한다. 그러나 명예든 굴욕이든 커다란 근심일 뿐이니, 사람들은 이 커다란 근심을 자기 자신처럼 중시한다.

명예를 받을 때나 굴욕을 받을 때나 흥분을 감추지 못한다는 것은 무엇을 말함인가? 명예는 높이 떠받들어지는 것이라서 이를 얻으면 흥분을 감추지 못하는 것이고, 이 때문에 명예를 잃고 굴욕을 받을 때도 역시 흥분을 감추지 못하는 것이다. 이것을 명예를 받을 때나 굴욕을 받을 때나 흥분을 감추지 못한다고 하는 것이다.

이 커다란 근심을 자기 자신처럼 중시한다는 것은 무엇을 말함인가? 내게 명예나 굴욕같은 커다란 근심이 있는 까닭은 자기 자신이 있기 때문이니, 자기 자신이 없다면 무슨 근심이 있겠는가? 그러므로 사사로운 자신을 버리고 공평무사한 천하를 자신과 동일시하는 사람에겐 천하를 맡길 수 있으며, 아울러 그 천하를 자신처럼 사랑하는 사람에게도 천하를 부탁할 수 있다.

1. 명예와 굴욕의 정의

도는 본래 인의같은 사소한 행실이 아니며, 덕은 원래 시비나 따지는 자그만 지식이 아니다. 자그만 지식은 덕을 해치고 사소한 행실은 도를 해치니, 이 때문에 "자기를 바로 잡을 뿐"이라고 말하는 것이다. 그래서 스스로의 온전함을 즐기는 것, 그것을 〈뜻을 얻었다〉고 일컫는 것이다.

옛날에 소위 〈뜻을 얻었다〉고 하는 말은 벼슬을 하거나 출세를 한다는 뜻이 아니라, 본래의 즐거움에서 더 이상 덧붙힐 것이 없다는 뜻이었다. 그러나 오늘날 〈뜻을 얻었다〉는 말은 벼슬이나 출세를 가리키는 것이니, 벼슬이나 출세가 우리 몸에 있는 것은 자연 그대로의 성명性命이 아니라 외적인 사물(벼슬이나 출세같은)이 우리 몸을 찾아와 붙어있는 것이다. 이렇게 일시적으로 붙어있는 것은 찾아와도 거절할 수 없고 떠나가도 막을 수 없는 것이다.

그러므로 옛사람은 벼슬이나 출세를 했다고 해서 방종하지 않았고, 곤궁에 처했다고 해서 세속을 따르지도 않았다. 그가 누리는 자연의 즐거움은 벼슬을 하든 곤궁에 처했든 마찬가지였으니, 다만 근심이 없을 따름이었다. 그러나 요즘 사람은 자기 몸에 붙어있던 영화로움이 떠나가면 즐거워하지 않으니, 이로 말미암아 보면 영화를 누릴 때에도 그의 마음은 항상 거친 상태였던 것이다. 그러므로 옛말에도 "외부 사물에 끄달려 자기를 상실하고, 세속에 휘둘려 천성을 잃는 사람, 이를 일러 본말이 전도된 사람이라 한다"고 한 것이다.

(『장자』 외편 제16장 〈선성繕性〉)

2. 네 몸도 너의 소유는 아니다

순 임금이 스승인 승丞에게 물었다.

「도를 내 것으로 소유할 수 있습니까?」

승이 말했다.

「그대의 몸도 그대 소유가 아닌데 어찌 도를 소유할 수 있단 말이요.

순 임금이 이상하게 생각하면서 물었다.

「내 몸이 내 것이 아니라면 누구의 것이란 말입니까?」
「그대의 몸은 천지가 그대에게 맡겨 놓은 형상이오. 뿐만 아니라 그대
의 생명도 그대의 것이 아니라 천지가 그대에게 부여해 준 정기의 화합
이며, 성명性命 역시 그대의 소유가 아니라 천지가 그대에게 부여해 준
자연의 이치이며, 자손도 그대의 소유가 아니라 천지가 그대를 탈바꿈
시켜 놓은 것이오. 그러므로 활동하면서도 어디로 가는지를 모르고, 가
만히 있으면서도 무엇을 해야할지 모르며, 음식을 먹어도 그 맛이 어디
서 오는지 알지 못하니, 이는 천지의 왕성한 양기陽氣가 그렇게 만든
것이오. 그러니 이러한 도를 어찌 내 소유로 할 수 있단 말이요?」

(『장자』 외편 제22장 〈지북유〉)

3. 지인至人은 '나'가 없다

늪가에 사는 뱁새가 커다란 붕새를 비웃으며 말했다.

「저들은 도대체 어디로 가는걸까? 난 힘껏 날아도 불과 몇 길도 오르지

못한 채 도로 내려와 쑥대밭에서 퍼덕거릴 뿐이다. 하지만 이것도 나로
서는 대단히 날은 것인데, 도대체 저들은 어디로 가는걸까?」

바로 이 뱁새와 붕새가 작은 것과 큰 것의 차이이다.

그러므로 그 지식이 하나의 관직을 맡는데나 적합하고, 행실은 한 고
을에서나 평가받을 정도이며, 덕도 한 임금의 신임이나 얻을 정도인 사
람은 설사 한 나라의 부름을 받더라도 스스로를 보는 눈이 이 뱁새와
같은 것이다.

그러나 송영자宋榮子는 이런 인물들을 비웃는다. 그는 온세상이 그를
칭송해도 더 애쓰는 일이 없고, 온세상이 그를 비난해도 그만두질 않으
니, 안과 밖의 구분을 확실히하고 명예와 굴욕의 경계를 구분하면 그것
으로 그만이었다. 송영자같은 사람은 세상에 흔치는 않지만, 하지만 아
직 지극한 덕을 세웠다고는 할 수 없다.

열자列子는 바람을 타고 다니면서 시원하게 잘 지내다가 보름만에야
돌아온다. 그만치 복을 받은 사람도 세상에는 그리 흔치 않을 것이다.
그러나 그는 비록 걸어다니는 것은 면했지만 여전히 의지하는 바(즉 바
람)가 있다.

만약 천지의 바른 기운을 타고 육기六氣[23]의 화를 다스리면서 무궁無窮
에 노니는 자라면, 굳이 무엇을 의지하겠는가? 그러므로 "지인至人은 자기
가 없고, 신인神人은 공적이 없으며, 성인은 명예가 없다"고 하는 것이다.

(『장자』 내편 제1장 〈소요유逍遙遊〉)

대인大人의 가르침은 형체에 그림자가 따르고 소리에 메아리가 따르는
것과 같다. 그는 질문을 받으면 즉각 응대해서 가슴 속에 품은 생각을
모두 천하를 위해 베푼다. 그가 휴식할 때는 고요해서 아무 소리도 없고,

---

23) 음(陰)과 양(陽), 비(雨)와 바람(風), 어둠(晦)과 밝음(明)의 기운을 뜻한다.

행동할 때는 사물의 변화에 따르면서도 아무 자취가 없다. 그는 만물이 자연의 본성에 복귀하도록 이끌면서 끝없는 무궁의 경계에서 노닐며, 어디에도 기대지 않고 자유로이 오고 가면서도 처음도 끝도 없이 영원하다.

그의 모습과 형체는 만물의 도와 그윽이 합치하는 대동大同과 일체가 되었으며, 대동과 일체가 되었으므로 자기가 없다. 이처럼 자기가 없는데 어찌 사물의 있음有을 보겠는가? 사물의 있음을 본 자는 옛날의 군자이고, 사물의 없음을 본 자는 천지의 벗이다.

(『장자』 외편 제11장 〈재유〉)

4. 천하를 천하에 감춘다

무릇 배를 골짜기에 감춰두고 그물을 깊은 못 속에 감춰두고는 그것을 든든하다고 말한다. 그러나 한밤중에 힘이 센 자가 그것을 짊어지고 달아나 버려도 어리석은 사람들은 알지를 못한다. 이처럼 작은 것을 큰 것 속에 잘 감추었다 하더라도 여전히 빠져나갈 데가 있다. 그러나 천하를 천하에다 감추어두면 빠져나갈 수가 없으니, 이는 만물에 통하는 커다란 진리이다.

사람들은 사람의 형상을 타고났더라도 그걸 기뻐한다. 그러나 사람의 형상은 천변만화하면서 끝이 없는 것이니, 그때그때의 즐거움을 어찌 다 헤아리겠는가? 그러므로 성인은 어떤 것도 빠져나갈 수 없는 경지에 노닐면서도 그 모든 만물을 간직한다. 그래서 그는 일찍 죽는 것도 좋다하고 오래사는 것도 좋다하며, 태어나는 것도 좋다하고 죽는 것도 좋다한다. 사람들은 이런 성인도 본받으려 하거늘, 하물며 만물이 연루되어 있고 모든 변화가 의존하는 도에 있어서랴!

(『장자』 내편 제6장 〈대종사〉)

도의 바탕體

제14장 태초의 도

　　보아도 보이지 않는 것을 이夷라 하고, 들어도 들리지 않는 것을 희希라 하며, 만져도 잡지를 못하는 것을 미微라 한다. 보아도 보이지 않고 들어도 들리지 않으며 만져도 잡지를 못하니, 이 세가지를 어떻게 구명할 수 있겠는가? 그러므로 이 셋은 혼연일체가 된다.

　　이 혼연일체의 도는 높은 곳에서도 밝게 나타나지 않지만 낮은 곳이라도 어둡게 보이지는 않으니, 현묘하고 현묘해서 무어라 이름붙힐 수가 없으나 결국에는 만물이 없는 상태로 복귀한다. 이것을 형상 없는 형상이라고 하고, 사물 없는 현상이라고 하는데, 이를 황홀恍惚24)이라 부른다.

　　이 혼연일체의 도는 맞아들이려 해도 그 머리가 보이지 않고, 뒤따르려 해도 그 꼬리가 보이지 않는다. 옛날의 도를 잡아서 오늘의 현상을 다루면, 능히 과거의 시원始源을 알 수 있으니, 이를 도기道紀(도의 뿌리)라 한다.

---

24) 있는 듯 하나 보이지 않고 없는 듯 하나 도처에 있는 혼돈의 상태.

1. 보아도 보이지 않고 들어도 들리지 않으며 만져도 잡지를 못한다

광요光耀[25]가 유無有[26]에게 물었다.

「그대는 있는 것인가, 아니면 없는 것인가?」

그러나 광요는 무유의 대답을 듣지 못했다. 그래서 광요는 무유의 모습을 자세히 살펴보았으나 아득하니 텅 빈 것 같았다. 종일토록 바라보았지만 보이지 않고, 들어도 보았지만 들리지 않고, 손으로 만져보아도 잡히질 않았다.
광요가 말했다.

「너무도 지극하구나! 누가 이 경지까지 이를 수 있겠는가? 나는 무無의
경지는 알았지만, 무無조차 없는 경지는 모르고 있었다. 무조차 없는
경지가 있었다니, 어찌 이런 현묘한 경지에 이를 수 있단 말인가?」
(『장자』 외편 제22장 〈지북유〉)

나는 만물이 생장하는 것은 보았지만 그 생명의 뿌리는 보지 못했고, 만물이 계속 출현하는 것은 보았지만 그 생겨나는 문은 보지 못했다. 사람들은 이미 지식으로 알고 있는 것만 존중하지, 지식으로 알지 못하는 것을 믿고나서야 참다운 지혜가 생긴다는 건 모르고 있다. 이 어찌 커다란 미혹이 아니겠는가! 아서라 아서! 이렇게 말하는 나도 또한 허물을 피할 수 없으니, 그렇다면 내 말도 옳은 것인지 틀린 것인지 알 수 없구나.
(『장자』 잡편 제25장 〈칙양〉)

---

25) 광명을 의인화한 것으로 지혜를 상징한다고 함.
26) 공간을 상징함.

도는 볼 수 없으니, 보았다면 그건 도가 아니다. 도는 들을 수 없으니, 들었다면 그건 도가 아니다. 도는 말로 설명할 수 없으니, 설명했다면 그건 참된 도가 아니다.

(『장자』 외편 제22장 〈지북유〉)

2. 동물, 바람, 그리고 마음의 우화

　　발이 하나 달린 짐승인 기夔는 발이 많이 달린 노래기를 부러워했고, 노래기는 뱀을 부러워했고, 뱀은 바람을 부러워했고, 바람은 눈目을 부러워했고, 눈은 마음을 부러워했다.
　　외발 짐승이 발이 많이 달린 노래기에게 말했다.

> 「나는 외발로 깡충거리면서 다닐 뿐 자네처럼 가지는 못하네. 그런데 자네는 수없이 많은 발을 쓰고 있으니 어쩌면 그럴 수 있는가?」

노래기가 대답했다.

> 「그렇지 않네. 자네는 저 침 뱉는 광경을 보지 못했는가? 침을 뱉었을 때 큰 것은 구슬과 같고 작은 것은 안개와 같은데, 크고 작은 것이 뒤섞여서 떨어지면 그 수를 헤아릴 수가 없다네. 마찬가지로 지금 나는 나의 천기天機(자연 그대로의 機能)를 발동시킬 뿐 왜 그런지는 알지 못한다네.」

나중에 노래기가 다시 뱀에게 말했다.

> 「나는 많은 발로 다니는데도 발 없는 자네만도 못하니, 무슨 이유에서 그런가?」

뱀이 대답했다.

「자연 그대로의 천기天機가 작용해서 그런 것이니, 그 천기를 어떻게 바꿀 수 있겠는가? 그러니 내가 어찌 발을 쓸 수 있겠는가?」

나중에 또 뱀이 바람에게 물었다.

「나는 등이나 겨드랑이를 움직여서 다니기 때문에 여전히 그 형상이 있는 것이네. 그런데 자네는 휙휙 북해에서 일어나 휙휙 남해로 들어가는데도 아무런 형상이 없는 것 같으니, 어찌된 까닭인가?」

바람이 대답했다.

「그렇다네. 나는 휙휙 북해에서 일어나 휙휙 남해로 들어가지. 그러나 나를 향해 손가락을 세우기만 해도 나는 그 손가락을 이기지 못하고, 발로 나를 밟기만 해도 그 발을 어쩌질 못하네. 그렇긴 하지만 큰나무를 꺾고 큰집을 날려 보내는 짓은 나만이 할 수 있는 것일세. 따라서 온갖 사소한 것들을 이기지 않는 것이야말로 커다란 승리라고 할 수 있네. 이 커다란 승리는 오직 성인만이 할 수 있는걸세..」

(『장자』 외편 제17장 〈추수〉)

제15장 가득차지 않는다

옛날의 훌륭한 선비는 미묘하고 그윽히 도를 통한 사람이니, 도저히 그 깊이를 알아챌 수가 없었다. 도저히 알 수가 없기 때문에 억지로나마 다음과 같이 묘사할 뿐이다.

신중한 모습은 마치 겨울에 강을 건너듯 하고
삼가하는 모습은 마치 사방에서 엿볼까 걱정하는 듯 하고
근엄한 모습은 마치 자신이 손님이 된 듯 하고
어울리는 모습은 마치 얼음이 녹아서 풀리는 듯 하고
돈독하고 순박한 모습은 마치 손대지 않은 원목 그대로인 듯 하고
확 트인 모습은 마치 비어있는 골짜기와 같고
혼연일체인 모습은 마치 혼탁한 강물과 같다.

누가 이 혼탁함을 고요히 가라앉혀 점차 맑게 할 수 있는가?
누가 이 안정됨을 활발히 활동시켜 점차 생장하게 할 수 있는가?
오직 도를 터득한 사람만이 이런 능력을 가질 수 있다. 그러나 이러한 도를 간직한 자는 결코 가득차려고 하지 않는다. 가득차려 하지 않기 때문에 묵은 것을 버리고 새로운 것을 성취할 수 있는 것이다.

1. 진인眞人은 삶을 기뻐하지도 않고 죽음을 싫어하지도 않는다

옛날의 진인은 잠을 잘 때도 꿈을 꾸지 않았고, 깨어있을 때도 근심이 없었으며, 식사를 할 때도 맛있는 것을 찾지 않았고, 숨을 쉬는 것도 깊고 고요했다. 그래서 진인의 호흡은 발꿈치로부터 깊이 쉬는 것이지만, 보통 사람들은 목구멍으로 숨을 쉰다. 또 남에게 굴복한 사람은 그 말소리가 목구멍에 뭔가 걸린 듯 어물거리고, 욕심이 많은 사람은 자연 그대로의 천기天機가 얕다.

그리고 옛날의 진인은 삶을 기뻐할 줄 모르고 죽음을 싫어할 줄 몰랐다. 태어났다고 해서 기뻐하지도 않고 죽는다고 해서 거역하지도 않았으니, 자연에 따라 갔다가 자연에 따라 왔을 뿐이다. 다만 처음 비롯된 근원을 잊지도 않고, 어디서 끝나는지도 추구하지 않을 뿐이다. 기왕에 삶을 받았으면 기쁘게 그 삶을 누리다가 죽을 때는 모든 걸 잊고 자연으로 복귀한다. 이런 것을 "사소한 마음으로 도를 해치지 않고, 인위적인 것으로 하늘의 운명을 조장하지 않는다"고 하는데, 이런 사람을 진인이라 부른다.

이같은 사람은 마음에 근심이 없고, 용모는 고요하며, 이마는 널찍하다. 시원하기는 가을과 같고 따뜻하기는 봄과 같으니, 기쁨과 노여움이 사계절의 변화처럼 자연을 따르고 사물과 항상 조화를 이루지만 그 궁극이 어디까지인지는 모른다…

옛날의 진인은 그 모습이 의연해서 결코 흔들리지 않았고, 모자란 듯 하지만 비굴하지 않았으며, 성품이 굳세고 너그러웠지만 완고하지는 않았고, 마음은 드넓어서 빈 듯 했지만 겉치레를 하지 않았다. 환한 모습이 기뻐하는 듯 했고, 무뚝뚝하게 마지못한 듯 행동했으며, 덕이 가득차서 얼굴빛에 뚜렷이 드러났고, 한가롭게 그 덕에 머물러 지냈다. 세상 사람을 대할 때는 엄격했지만 교만하지 않았으며, 초연한 마음으로 세상 일에 구애받지 않았으며, 침묵한 모습은 무심한 듯 했으며, 멍한 모습은 말을 잊은 듯 했다.

(『장자』 내편 제6장 〈대종사〉)

2. 고요한 물

공자가 말했다.

「사람들은 흐르는 물에 자기 얼굴을 비춰보지 않고 고요한 물에다 비춰본다. 이처럼 고요한 것만이 이 고요함을 바라는 사람을 고요하게 할 수 있다.」

(『장자』 내편 제 5장 〈덕충부〉)

제16장 자연의 본성으로 돌아가라

허虛(텅 빔)의 극치를 이루고 정靜(고요함)을 돈독히 지켜라. 그리하면 만물이 왕성히 생성하면서 활동하더라도, 나는 그 만물이 근원으로 복귀함을 관찰할 수 있다. 무릇 만물이란 끊임없이 왕성한 활동을 하고 있지만, 각각의 사물은 결국 근원으로 돌아가기 마련이다. 근원에 복귀한 것을 정靜이라 하고, 이를 복명復命, 즉 자연의 본성으로 돌아간다고 말한다. 자연 그대로의 본성으로 돌아가는 복명을 영원한 도常道라 하고, 영원한 도를 아는 것을 밝은 지혜明라고 칭한다. 이 영원한 도를 모르고 경거망동하면 재앙을 부르게 된다.

영원한 도를 알아서 모든 일에 통하면 관용할 수 있고, 관용하면 공명정대할 수 있고, 공명정대하면 온전할 수 있고, 온전하면 천天에 부합하고, 천天에 부합하면 도에 부합하고, 도에 부합하면 항구적이라서 몸을 버릴 때까지 위태롭지 않을 것이다.

1. 지인至人의 마음은 밝은 거울과 같다

명예를 받는 주인공이 되지 말고, 꾀 주머니가 되지 말고, 일의 책임자가 되지 말고, 지혜의 주체가 되지 말라. 대도의 무궁함을 다 체득하면 어떤 조짐도 없는 경지에서 노닐 것이니, 하늘로부터 받은 본성을 극진히 하면서도 이를 얻었다고 여기지 말라. 다만 비어있을虛 뿐이다.

지인至人이 마음을 쓰는 것은 마치 거울과 같다. 사물이 떠나가도 전송하지 않으며, 사물이 와도 맞이하지 않으니, 사물에 감응하긴 해도 감추지를 않는다. 이 때문에 그는 거울처럼 사물을 능히 비추면서도 자신은 다치지 않는다.

(『장자』 내편 제7장 〈응제왕〉應帝王)

2. 고요함은 긴장을 치료할 수 있다

고요히 가라앉은 마음은 질병을 치료할 수 있고, 눈꼬리를 문지르면 노쇠를 방지할 수 있고, 마음을 편안히 하면 팽팽한 긴장을 풀 수 있다. 그러나 이런 방법은 외적 대상에 허덕이는 자나 힘쓰는 것이지, 스스로 평정平靜을 이룰 수 있는 사람이 할 짓이 아니다. 스스로 평정을 이룰 수 있는 사람은 이런 방법을 묻지도 않고 그냥 지나친다.

그러므로 성인이 천하의 풍속과 의식을 개혁하는 까닭을 신인神人은 묻지도 않고 그냥 지나치며, 현인賢人이 세간의 풍속과 의식을 바꾸는 까닭을 성인은 묻지도 않고 그냥 지나치며, 군자가 한 나라의 풍속과 의식을 개혁하는 까닭을 현인은 묻지도 않고 그냥 지나치며, 소인이 시류時流에 영합하는 것을 군자는 묻지도 않고 그냥 지나친다.

(『장자』 잡편 제26장 〈외물〉)

3. 운장과 홍몽의 대화

운장雲將[27])이 쪽으로 유람을 하던 중에 한그루 신목神木을 지나다가 마침 홍몽鴻蒙[28])을 나게 되었다. 홍몽은 마침 넓적다리를 두들기면서 껑충껑충 뛰놀고 있는 중이었다. 운장은 그를 보자 깜짝 놀라 멈춰선 뒤 가만히 물었다.

「영감님은 누구시며, 어째서 이런 짓을 하시는 겁니까?」

홍몽은 여전히 넓적다리를 두들기며 껑충껑충 뛰놀면서 대답했다.

「놀고 있네.」

운장이 공경히 말했다.

「나는 영감님께 가르침을 청하고 싶습니다.」

홍몽은 운장을 쳐다보면서 "음!"하고 대답했다. 그러자 운장이 다시 물었다.

「하늘의 기운은 조화롭지 못하고, 땅의 기운은 답답히 뭉쳐있으며, 육기六氣는 고르지 못하고, 사계절도 순조롭지 못합니다. 이제 나는 육기의 정수를 융합해서 온갖 생명을 양육하고 싶은데, 어찌해야 되겠습니까?」

홍몽은 여전히 넓적다리를 두드리며 껑충껑충 뛰놀다가, 고개를 흔들

---

27) 구름의 장수란 뜻으로 구름을 의인화 한 것이다.
28) 자연의 기운으로 지극한 도를 의인화 한 것이다.

면서 말했다.

「난 모르네. 난 모르네.」

그래서 운장은 다시 묻지 못하였다.

그 후 3년이 지나서 운장이 다시 동쪽으로 유람을 했는데, 송나라의 들녘을 지나다가 마침 또 홍몽을 만나게 되었다. 운장은 너무나 기뻐 그에게 달려가서 말했다.

「영감님은 저를 잊었습니까? 저를 잊었습니까?」

그리고는 두 번 절한 뒤 머리를 조아리고는 다시 가르침을 청했다. 홍몽이 운장에게 대답했다.

「나는 자유로이 노닐 뿐 무엇을 구해야 할지 알지 못하고, 멋대로 뛰놀 뿐 어디로 가야할지는 모른다네. 이렇게 노니는 자는 거짓 없는 만물의 형형색색을 볼 뿐이니, 내가 다시 무엇을 알겠는가?」

운장이 말했다.

「저 역시 스스로는 자유로이 노닌다고 생각합니다. 그러나 백성들이 제가 가는 곳마다 따라다니니, 저 역시 어쩔 수 없이 백성들과 함께하고 있으며, 이제는 그들의 모방 대상이 되기까지 합니다. 부디 백성들을 다스리는 한마디를 듣고 싶습니다.」

홍몽이 말했다.

「하늘의 도를 어지럽히고 사물의 실정을 거역하면, 현묘한 천도玄天는 이루어지지 않는다. 그 결과 짐승의 무리는 흩어지고, 모든 새가 밤에 나 울며, 재앙은 초목에까지 미치며, 화禍는 벌레에까지 미친다. 아! 이

것이 모두 사람을 다스려서 생기는 허물이로다!」

운장이 떨면서 물었다.

「그러면 저는 어찌해야 합니까?」

홍몽이 말했다.

「아! 어쩔 수 없는 친구구만. 그냥 훨훨 돌아가게나.」

운장이 말했다.

「저는 어렵게 영감님을 만났으니, 부디 한마디만 가르쳐 주십시오.」

홍몽이 말했다.

「아! 심성을 기르게나. 그대가 단지 무위에 처할 수만 있다면 사물은 스스로 변화하면서 조화를 이룰 것이네. 자신의 몸을 잊어버리고, 총명을 떨쳐버리고, 사물과 더불어 혼연일체가 되면 자연의 대도와 하나가 될 것이야. 또 마음과 정신의 속박을 풀어버리고 아득히 혼마저 없다면, 만물은 무성하면서도 저마다 근원으로 돌아가니, 이처럼 저마다 근원으로 돌아가면서도 그 까닭을 알지 못하는 법일세. 언제나 혼돈의 경지에 있으면서 종신토록 그 근본을 벗어나지 않지만, 만약 그 혼돈을 알려고 하면 곧 근본에서 벗어나게 되니, 그 이름도 묻지 말고 그 실정도 엿보지 말게나. 만물은 스스로 생장해 가는 것이니까.」

운장이 말했다.

「영감님께선 제게 덕을 내려주셨을 뿐만 아니라 말 없는 침묵의 이치를 보여주셨습니다. 저는 오랫동안 찾던 것을 이제야 터득했습니다.」

그리고는 머리를 숙여 두 번 절하고는 하직하고 떠나갔다.

(『장자』 외편 제11장 〈재유〉)

4. 위대한 순종大順

천지의 시초에는 무無만 있을 뿐 어떤 유有도 없었기에 이름名도 없었다. 그러나 이 무에서 하나―이 생겼는데, 이 하나가 있긴 했지만 아직 형체는 없었다. 만물은 이 하나를 얻어서 생성하는데 이를 덕德이라 한다. 이 하나는 아직 형체는 없지만 분화하는데, 분화하면서도 그 간격이 없으니 이를 명命이라 한다. 이 분화가 유동流動하면서 사물을 낳으니, 사물에 생성의 이치理가 이루어지는 이것을 형形이라 한다. 이 형체는 신령스러움을 간직하면서도 저마다 자연의 법칙이 있으니, 이를 성품性이라 한다.

이 성품을 잘 닦으면 덕으로 복귀하고, 덕이 지극하면 태초와 합일하며, 태초와 합일하는 것은 곧 텅 비는虛 것이고, 텅 비는 것은 곧 광대함大이다. 그 말도 새가 무심히 울듯이 부합하고, 무심히 부합하면 천지의 덕과 합일한다. 합일을 해도 아무런 자취가 없는 것이 마치 어리석고 우매한 듯하니, 이를 현묘한 덕玄德이라 하는데 위대한 순종大順(자연을 말함)과 하나이다.

(『장자』 외편 제12장 〈천지〉)

제17장 최고의 정치

최상의 정치인은 천하를 다스릴 때, 무위에 머물고 말 없는 가르침을 행한다. 그래서 사람들이 제각기 그 본성을 따르면서 삶에 안주하기 때문에 백성들은 그런 사람이 있는지 조차 모른다. 그 다음 등급의 정치인은 덕으로써 백성들을 대하고 은혜를 베풀기 때문에 사람들은 그런 정치인을 가까이하고 칭송한다. 그 다음 정치인은 형벌과 법으로써 백성들에게 위세를 부리기 때문에 사람들은 그런 정치인을 두려워한다. 가장 하등의 정치인은 권력으로 백성들을 우롱하고 술수로 속이기 때문에 법 질서가 행해지지 않고 사람들은 그런 정치인을 경멸한다.

그러므로 위정자가 정치를 하는데 신실함이 부족하면, 백성들도 당연히 서로를 신뢰하지 못한다. 최고의 위정자는 유유히 무위에 처할 뿐 함부로 호령하지 않지만, 그런데도 백성들은 저마다 삶에 편안히 안주한다. 그리하여 위정자의 공功이 성취되고 사업이 완수되도, 백성들은 그것이 위정자의 공로인 줄 모르고 도리어 "내 스스로 그렇게 한 것"이라고 말한다.

1. 요 임금의 스승

설결齧缺이 허유許由를 만나서 물었다.

「자네는 지금 어디로 가는건가?」

허유가 답했다.

「저는 지금 요 임금을 피해서 가는 중입니다.」
「무엇때문에 피하는건가?」
「저 요 임금은 백성들에게 인仁을 베풀려고 온갖 애를 쓰고 있습니다. 그러나 나는 오래지 않아 요 임금이 천하의 웃음거리가 되지 않을까 걱정입니다. 결국 후대의 사람들은 서로가 서로를 잡아먹게 될테니까요. 대체로 백성들이란 모으기가 그리 어렵지 않은 것이니, 그들을 애착하면 친하게 다가오고, 이익을 주면 곧 뒤따르고, 칭찬을 하면 부지런히 애씁니다. 그러나 싫어하는 짓을 하면 백성들은 곧 흩어지고 말죠. 이처럼 백성을 애착하고 이익을 주는 일은 인의仁義에서 나오는 법입니다. 그런데도 인의를 버리는 자는 적고 인의를 이용하는 자는 많습니다. 이 인의의 행동은 거짓이 뒤따르는 법이라서 불성실할 뿐만 아니라 도리어 탐욕스런 위정자에게 위선의 도구를 제공하는 결과를 초래합니다. 이는 한사람이 천하를 이롭게 한답시고 획일적으로 통제하는 것이니, 비유하자면 사물의 일면만을 본 것에 불과합니다. 요 임금은 현자賢者가 천하를 이롭게하는 줄만 알지 그가 천하를 해치는 것은 알지 못합니다. 이런 사실은 현자의 범주를 초월한 자만이 알 수 있는 것이죠.」

(『장자』 잡편 제24장 〈서무귀〉)

2. 요 임금의 천하

요 임금이 천하를 다스릴 때 백성자고伯成自高는 제후의 위치에 있었다. 그 후 요 임금은 순 임금에게 천하를 물려주고, 순 임금은 우禹 임금에게 천하를 물려주었다. 그러자 백성자고는 제후의 지위에서 물러나 농사를 지었다. 우 임금이 그를 찾아갔을 때 그는 들에서 밭을 갈고 있었다. 우 임금은 달려가서 그의 아래쪽에 서서 물었다.

「과거 요 임금이 천하를 다스릴 때 당신은 제후의 지위에 있었습니다. 그런데 요 임금이 순 임금에게 천하를 물려주고 순 임금이 내게 천하를 물려주자, 당신은 제후의 지위에서 물러나 농사를 짓고 있습니다. 감히 묻건대, 어떤 이유에섭니까?」

백성자고가 대답했다.

「예전에 요 임금이 천하를 다스릴 때는 상을 주지 않아도 백성들은 착한 일에 힘썼고, 벌을 주지 않아도 스스로 악을 멀리했소. 그런데 지금은 그대가 상을 주고 벌을 주어도 백성들은 어질지를 못하니, 덕이 이로부터 쇠퇴하고, 형벌이 이로부터 세워지며, 후세의 혼란도 이로부터 비롯되는 것이오. 그러니 내 일을 방해말고 그냥 돌아가시오!」

이 말을 마치고는 두번 다시 우 임금을 돌아보지 않고 묵묵히 밭을 갈 뿐이었다.

3. 도덕의 쇠퇴

옛 사람은 천지가 나누어지기 전인 혼돈混沌 속에 머물면서 한 세상의 사람들과 함께 담막濟漠29)의 도를 터득하고 있었다. 당시에는 음양의 기운이 조화롭고 고요했으며, 귀신도 사람의 일에 간섭하지 않았으며, 사계절의 운행도 질서가 있었다. 그래서 만물도 손상된 적이 없고, 모든 생명도 비명에 죽는 일이 없었으며, 사람에게 비록 지혜가 있더라도 별로 쓸데가 없었다. 이때를 소위 지극한 합일至一의 시대라고 부르는데, 당시에는 인위적인 행동이 없었으며 항상 자연의 본성을 따랐다.

그러다 덕이 점점 쇠퇴하다가 급기야 수인燧人과 복희伏戱 시대에 이르렀을 때 비로소 천하를 다스리게 되었다. 그러므로 백성들은 자연에 순응하긴 했지만 합일하지는 못했다. 그 덕이 다시 쇠퇴해서 신농神農과 황제黃帝에 이르러서는 더욱 천하를 다스리게 되었는데, 이 때도 천하가 비록 안정되긴 했지만 사람들은 더 이상 자연에 순종하지 않았다. 다시 덕이 쇠퇴하여 요 임금과 순 임금 시대가 되자, 더욱 더 천하를 인위적으로 다스렸다. 그 결과 정치로 교화하는 풍조를 일으켜 사람들의 순박함을 파괴했으니, 이런 인위적 선善으로 인해 도를 벗어나고, 이런 인위적 실천 때문에 덕을 위태롭게 했다. 그렇게되자 사람들은 자연의 본성을 버리고 인심을 따랐으니, 서로가 서로의 마음을 엿보느라고 천하가 안정되질 않았다.

그 후 여기다 세속적 예절의 수식을 덧붙이고 박학한 학문을 보탰으니, 예절은 소박한 바탕을 없애고 박학한 학문은 마음을 어지럽혔다. 그렇게되자 백성들은 비로소 미혹의 혼란에 떨어지게 되었으니, 다시는 진실한 성정性情을 돌이켜서 태초太初로 복귀할 수가 없었다.

(『장자』 외편 제16장 〈선성〉)

---

29) 담박하고 고요한 무위자연의 도.

4. 노자와 양자거가 훌륭한 왕에 대해 논쟁하다

양자거陽子居가 노자에게 물었다.

「여기 한 사람이 있는데, 일을 하는데 민첩하고, 의지가 굳세며, 사리
에 밝은 통찰력도 있고, 도를 배우는데도 게으르지 않으니, 이런 사람
을 현명한 왕에다 비할 수 있습니까?」

노자가 말했다.

「어찌 현명한 왕에다 비할 수 있겠는가? 그런 사람은 성인에 비하면
일이나 재주에 얽매어 자기의 몸을 괴롭히고 마음을 흐트러뜨리는 사
람이다. 속담에 "호랑이와 표범은 그 가죽 무늬 때문에 사냥꾼을 불러
들이고, 원숭이와 개는 그 재빠름과 삵괭이를 잡는 솜씨 때문에 묶는
끈을 불러들인다"고 했으니, 이같은 사람을 어찌 현명한 왕과 비할 수
있겠는가?」

양자거가 놀라면서 다시 물었다.

「감히 묻건대, 현명한 왕은 어떻게 천하를 다스립니까?」

노자가 대답했다.

「현명한 왕의 정치는 그 공적이 천하를 덮어도 자기 것이 아닌듯이 하
고, 그 교화가 만물에 베풀어져도 백성들은 교화를 받았다는 느낌이
없다. 이처럼 현명한 왕의 공적과 교화는 뭐라고 칭할 수는 없지만 만
물을 스스로 기쁘게 하니, 그는 측량할 수 없는 현묘한 경지에 서서
무위의 세계에서 노니는 자이다.」

(『장자』 내편 제7장 〈응제왕〉)

제18장 도의 쇠퇴

　　대도가 쇠퇴하자 인의가 나타났고, 기교적인 지혜가 나타나자 인위적인 거짓이 생겨났고, 가족간에 화목하지 못하자 효도나 가족간의 사랑같은 윤리가 나타났다. 그리고 나라가 혼란스러워지자 충성스런 신하가 생겨났다.

1. 대도가 쇠퇴하자 인의가 생겨났다

성인이 나타나면서부터 애써서 인仁을 행하고 허겁지겁 의義를 행했으니, 이 때문에 천하 사람들이 처음으로 의혹을 품게 되었다. 그리하여 방탕한 음악을 연주하고 번거로운 예의를 만들게되니, 천하가 비로소 분열하기 시작했다. 말하자면, 자연 그대로의 원목을 깍지 않고서 어찌 제사 때 쓰는 술그릇을 만들 수 있으며, 자연 그대로의 백옥을 갈지 않고서 어찌 규장圭璋30)같은 옥그릇을 만들겠는가?

따라서 참된 도덕을 훼손시키지 않는다면 어찌 인의의 교화가 필요하겠으며, 참된 성정性情이 도에서 이탈하지 않는다면 어찌 예악의 제도가 쓰여지겠는가? 또 오색五色이 문란해지지 않는다면 어느 누가 무늬를 만들 것이며, 오성五聲이 흐트러지지 않는다면 어느 누가 육률六律을 연주하겠는가? 그러므로 원목을 훼손시켜서 그릇을 만든 것은 장인匠人의 죄이며, 참된 도덕을 망쳐서 인의를 만든 것은 성인의 허물이다.

(『장자』 외편 제9장 〈마제馬蹄〉)

2. 거짓의 기원

본성의 활동을 위爲라 하는데, 그 위爲가 거짓 되어 방향감각을 잃으면 대도를 상실한다.

(『장자』 잡편 제23장 〈경상초〉)

---

30) 위는 뾰족하고 아래는 네모진 모양의 구슬을 규(珪)라 하고, 이를 반으로 쪼갠 모양의 구슬을 장(璋)이라 한다.

사람의 작위로만 살아가는 자는 거짓되기 쉬우나, 자연의 천도에 따라 사는 자는 거짓될 수가 없다.

(『장자』 내편 제4장 〈인간세〉)

송나라의 동쪽 성문에서 양친을 잃은 사람이 있었는데, 지극한 슬픔으로 몰골이 초췌하고 몸이 수척해졌다. 송나라는 그의 효행을 표창해서 높은 벼슬을 주었다. 그러자 어버이를 잃은 그 나라 사람들 모두가 그를 본받느라고 몸을 여위게하다가 반 이상이나 죽고 말았다.

(『장자』 잡편 제26장 〈외물〉)

제19장 순박함으로 돌아가라

총명이나 지식은 자연을 해친다. 따라서 이를 끊어버리면 사람들은 백배나 이익을 얻을 것이다.

인의는 천성을 구속한다. 따라서 이를 끊어버리면 사람들은 도리어 효성을 회복할 것이다.

기교나 재물은 탐욕을 낳는다. 따라서 이를 끊어버리면 도적들이 저절로 없어질 것이다.

이 세가지는 모두 외적인 꾸밈에 불과한 것이라서 천하를 다스리기엔 부족하다. 그러므로 사람들이 진정 돌아가야 할 곳은 밖으로는 천진함을 드러내고 안으로는 순박함을 간직하는 것이며, 사심私心을 줄이고 욕심을 적게 하는 것이다.

1. 도척 이야기

상자를 열고 자루를 뒤지며 궤짝을 여는 도둑은 좀도둑이다. 이 좀도둑을 막기 위해서는 끈으로 단단히 묶거나 자물쇠를 꼭 잠그면 되니, 이것이 세상 사람들이 말하는 똑똑함이다. 그러나 큰도둑은 궤짝을 지고 상자를 들고 자루를 들쳐업고 달아나면서도 오히려 묶은 끈이나 자물쇠가 튼튼치 못할까봐 걱정한다. 그렇다면 아까 말한 소위 똑똑함이란 것이 오히려 큰도둑을 위해 쌓아둔 꼴이 아니던가!

그러므로 이제 시험삼아 말해보겠다. 세상에서 말하는 소위 똑똑한 자란 큰도둑을 위해 재물을 쌓아 놓은 자가 아니겠는가? 마찬가지로 소위 성인이란 큰도둑을 위해 이 재물을 지키는 자가 아니겠는가? 어째서 그런 줄을 아는가? 예를 들어 보자.

옛날 제齊 나라는 이웃 마을이 서로 바라보여서 개나 닭 소리가 서로 들렸으며, 그물을 쳐서 고기를 잡고 괭이로 일구는 땅이 사방 2천여리나 되었다. 온나라 곳곳마다 종묘와 사직을 세우고 읍옥邑屋과 주려州閭, 향곡鄕曲같은 지방 행정을 다스렸으니, 한번도 성인의 법도를 따르지 않은 적이 없었다.

그러나 전성자田成子는 하루아침에 제나라 임금을 죽이고 나라를 훔치고 말았다. 어찌 그 나라만 훔쳤겠는가? 성인의 지혜로 만들어 놓은 그 나라의 법도도 아울러 훔치고 말았다. 그래서 전성자는 비록 도둑이라는 이름은 얻었지만, 그 몸만은 요임금이나 순임금처럼 편안한 지위에 있었다. 작은 나라는 감히 그를 비난하지 못하고, 큰나라도 감히 그를 죽이지 못해서 12대 동안이나 제나라를 차지하고 있었다. 이는 바로 제나라를 훔치는 동시에 성인이 만들어 놓은 법도마저 훔침으로써 도둑의 몸을 안전히 보전한 것이 아니던가!

다시 시험삼아 말해보자. 세상에서 말하는 소위 똑똑한 자란 바로 큰 도둑을 위해 재물을 쌓아둔 자가 아니던가? 마찬가지로 소위 성인이란 이 큰도둑을 위해 재물을 지키는 자가 아니던가? 어떻게 그런 줄을 아는 가?

옛날에 용봉龍逢은 목이 잘리고, 비간比干은 심장이 찢겨졌으며, 장홍 장弘은 창자가 찢겼으며, 자서子胥는 시체가 강물에 버려졌다. 이 네사람 은 현명하고 유능했지만 결국 참살을 면치 못했으니, 성인의 법도가 끼 친 해로움을 알 수 있을 것이다. 그래서 도척盜跖의 부하가 도척에게 "도 둑질에도 도가 있습니까?"라고 물었을 때, 도척은 이렇게 대답했다.

「어딘들 도가 없겠는가? 무릇 방 안에 감추어진 물건을 알아 맞히는 것이 성聖이고, 앞서서 방으로 들어가는 것이 용기勇이고, 방에서 나중 에 나오는 것이 의로움義이며, 도둑질이 성공할지 못할지를 아는 것이 똑똑함知이고, 훔친 물건을 균등히 나누는 것이 인仁이다. 이 다섯가지 를 갖추지 못하고서 큰도둑이 된 자는 천하에 아직 없었다.」

이 도척의 말을 미루어 볼 것 같으면, 착한 사람도 성인의 도를 얻지 못하면 입신立身할 수 없고, 도척도 성인의 도를 얻지 못하면 도둑질을 행할 수 없다. 그런데도 천하에는 착한 사람은 적고 착하지 않은 사람은 많으니, 결국 성인은 천하를 이롭게하는 일은 적고 해롭게하는 일이 많 은 것이다. 그래서 "입술이 없으면 이가 시리고, 노魯 나라의 술이 멀거면 한단邯鄲31)이 위되듯이, 성인이 나오게 되자 큰도둑도 생겨났다"고 말하 는 것이다. 그러므로 성인을 배격하고 도둑을 풀어줄 때 비로소 천하는 다스려지는 법이다. 무릇 시냇물이 마르면 골짜기도 텅 비고 언덕이 무 너지면 깊은 연못도 메꿔지듯이, 성인이 일단 죽으면 큰도둑도 생기지 않을 것이니, 그때서야 천하는 태평스러워지고 사고도 없을 것이다.

31) 전국시대 조(趙) 나라의 수도.

그러나 성인이 죽지 않으면 큰도둑도 없어지지 않을 것이니, 비록 성인이 거듭 나와 천하를 다스린다 해도 그것은 결국 도척과 같은 자를 다시 이롭게 할 뿐이다. 즉 말이나 섬을 만들어서 용량을 재면 그 말이나 섬마저도 훔쳐버리고, 저울을 만들어서 무게를 재면 그 저울마저 훔쳐버리고, 부절符節[32]이나 도장을 만들어서 믿음의 징표로 쓰면 그 부절이나 도장마저 훔쳐버리고, 인의로써 사람들의 행동을 바로잡으려 하면 그 인의마저 훔쳐버릴 것이다.

어째서 그런 줄을 아는가? 보잘 것 없는 쇠갈고리 하나를 훔친 자는 사형에 처해지지만, 나라를 훔친 자는 제후가 된다. 그런데 제후의 가문에 인의가 있다고 하니, 이는 인의와 성인의 총명을 훔친 것이 아니겠는가? 그러므로 제후의 지위를 강탈하고 인의와 말, 섬, 저울, 부절, 도장의 이익을 훔치는 큰도둑에겐 설사 높은 벼슬이라는 상을 주어도 그를 선善으로 이끌 수 없으며, 형벌과 사형이라는 위세를 그에게 가해도 도둑질을 막을 수 없다. 이처럼 도척에게 많은 이득을 주면서도 도둑질을 막을 수 없도록 한 것이야말로 성인의 허물이다.

그래서 사람들은 "물고기는 연못을 떠나면 안되고, 나라의 이기利器는 남에게 보여서는 안된다"고 말하는 것이니, 저 성인 역시 천하의 이기利器인지라 천하에 밝혀서는 안되는 것이다.

그러므로 성인의 총명한 지혜를 끊어버리면 큰도둑이 없어질 것이며, 옥과 구슬을 깨버리면 작은 도둑이 생기지 않을 것이며, 부절을 태우고 도장을 부숴버리면 백성들은 스스로 소박해지며, 말을 쪼개고 저울을 꺾어버리면 백성들이 다투지 않으며, 세상에 있는 성인의 법을 모두 없애버리면 백성들은 비로소 서로 도를 논의할 수 있을 것이다.

---

32) 나무 조각에 글을 쓰고 도장을 찍은 뒤 두쪽으로 쪼개서 서로 한조각씩 가지고 후일의 징표로 쓰는 것.

육률六律을 흐트러놓고 피리나 비파를 태워 없애서 사광師曠의 귀를 막아버릴 때 천하 사람들이 비로소 참된 청각의 귀밝음을 회복할 것이며, 화려한 무늬의 색채를 없애고 다섯가지 채색을 흐트러 놓아서 이주離朱의 눈을 막아버릴 때 천하 사람들이 비로소 참된 시각의 밝음을 회복할 것이며, 먹줄과 자와 콤파스 등을 부수고 공수工倕의 손가락을 꺾어버릴 때 천하 사람들이 비로소 참된 기예를 회복할 것이다. 이 때문에 "크나큰 기교는 서투른 것처럼 보인다"고 말하는 것이다.

이렇게 해서 증삼曾參과 사추史鰍의 충성스런 행위를 깎아버리고, 양주나 묵자의 변론을 막아버리고, 인의를 물리쳐 버려야 천하의 덕이 비로소 현묘한 대도와 합일한다. 사람들이 본래의 눈밝음을 간직하면 천하는 대상에 이끌리지 않을 것이며, 사람들이 본래의 귀밝음을 간직하면 천하는 얽매이지 않을 것이며, 사람들이 본래의 천진한 지혜를 간직하면 천하는 미혹되지 않을 것이며, 사람들이 본래의 자연스런 덕을 간직하면 천하는 편벽되지 않을 것이다. 저 증삼이나 사추, 양주, 묵자, 사광, 공수, 이주같은 자는 모두 그 덕을 외부로 내세워서 천하를 어지럽힌 자들이니, 그들의 법은 쓸데가 없는 것이었다.

(『장자』 외편 제10장 〈거협〉胠篋)

2. 천하는 어떻게 도탄에 빠지게 되었는가?

최구崔瞿가 노담老聃에게 물었다.

「천하를 다스리지 않고서 어떻게 사람의 마음을 착하게 할 수 있나요?」

노담이 말했다.

「그대는 사람의 마음을 어지럽히지 않도록 삼가하게나. 사람의 마음이
란 흔들리기 쉬운 것이라서 뜻을 얻지 못하면 비굴해지고 뜻을 얻으면
우쭐해진다. 그는 이 비굴함과 우쭐거림을 그치질 않는데, 그 결과 감
옥에 갇힌 것처럼 잠시라도 편안함을 얻지 못한다.

마음이란 온화할 때는 그 부드러움이 억세고 강한 것을 다스리고, 마음
의 예리함은 모가 나기도 하고 깎아내기도 하고 새기기도 하고 다듬기
도 하며, 그 뜨거움은 불타는 것 같고 그 차가움은 얼음이 어는 것과
같다. 빠를 때는 고개를 숙였다 드는 동안에 사해四海 밖을 두 번이나
돌아보고, 머물 때는 깊은 연못처럼 고요하다가도 움직일 때는 하늘만
치 현격히 벌어지니, 너무나 날뛰어서 잡아둘 수 없는 것이 바로 사람
의 마음이로다!」

옛날 황제黃帝가 맨처음 인의로써 사람의 마음을 어지럽히기 시작했으
며, 뒤이어 요 임금과 순 임금이 종아리 살이 깎이고 정강이 털이 닳도록
돌아다니면서 천하 사람들의 몸을 돌보았고, 오장육부를 괴롭히면서까
지 인의를 베풀었고 혈기를 부리면서까지 법도를 마련했다. 비록 그렇게
하긴 했지만 여전히 천하 사람들의 마음을 바꾸지 못했으니, 요 임금은
환두讙兜를 숭산崇山으로 추방하고 삼묘三苗를 삼위산三峗山으로 쫓아냈
으며 공공共工을 유도幽都로 귀양보냈으니, 이는 천하 사람들의 마음을
바꾸지 못한 것이다.

그러다가 삼대三代에 이르자 천하는 그 형편이 더욱 어려워졌다. 한편
으론 걸왕이나 도척같은 인물이 나타났는가 하면, 또 한편으론 증삼이나
사추가 나타나서 유가儒家와 묵가墨家가 일제히 일어났다. 이렇게되자
사람들은 기쁘다느니 화난다느니 하면서 서로 의심하고, 어리석다느니
지혜롭다느니 하면서 서로 속이고, 옳다느니 그르다느니 하면서 서로를
비난하고, 거짓이니 진실이니 하면서 서로를 헐뜯게 되었으니, 이 때문
에 천하는 점점 쇠퇴해갔다. 급기야 대덕大德에는 차별이 생기고 자연의
본성마저 흐트러지면서 천하 사람들은 똑똑함만을 좋아하고 백성들은

혼란에 빠지고 말았다.

이렇게 분열이 되자, 도끼나 톱같은 도구를 쓰는 형벌로 사람들을 다스리고, 오랏줄이나 묵형墨刑[33])으로 사람들을 죽였으며, 끌이나 망치로 사람을 해치게 되었다. 마침내 세상은 더욱더 크게 혼란스러워졌으니, 그 죄는 사람의 마음을 어지럽힌데 있는 것이다. 그리하여 현자賢者는 높은 산이나 험준한 바위 밑에서 숨어 살게 되었고, 만승萬乘[34])의 주도 묘당廟堂(조정) 위에서 두려움으로 떨게 되었다.

그렇다면 요즘 세상은 어떠한가? 처형된 사람이 서로 베고 누울 정도이며, 착고를 찬 사람이 비좁아서 서로 밀칠 정도이며, 형벌로 죽은 자가 서로 바라볼 정도이다. 그런데도 유가나 묵가의 무리들은 그 질곡 사이에 서서 발을 벌리고 팔을 휘두르고 있으니, 아 심한 짓이로다! 진정 그들은 너무도 부끄러움이 없고 수치심도 모르는구나! 내 아직도 성인의 총명함이나 인의가 형벌을 낳는 근원이 되지 않는 줄을 모르겠는데, 어찌 증삼이나 사추가 걸왕이나 도척의 효시가 되지 않는다고 알겠는가? 그러므로 "성인의 지혜를 끊어버려야 천하가 크게 다스려진다"고 말하는 것이다.

(『장자』 외편 제11장 〈재유〉)

---

33) 먹물로 이마에 문신을 새기는 형벌.
34) 만대의 수레란 뜻으로 천자를 가리키는 말로 사용됨.

제20장 대도는 만물을 낳아서 기른다

지식은 모든 번뇌의 근원이니, 일체의 지식을 버려야만 다시는 걱정근심이 없을 것이다. 공경하는 음성으로 '예'하는 것과 화난 음성으로 '그래'하는 것과 본질적으로 무슨 차이가 있는가? 또 소위 말하는 선과 악은 궁극적으로 어떤 차이가 있는가? 이런 것들은 일정한 준칙이 없는 것이다. 그러나 남들이 두려워하는 형벌 따위는 나 역시 두려워하지 않을 수 없는 것이니, 속세의 학문이란 너무나 막연해서 참으로 황당하구나!

세상 사람들은 희희낙락하는 것이 마치 풍성한 잔치상을 받은 듯하고, 마치 봄날에 누각에 올라 경치를 감상하는 듯 하구나. 그러나 나만은 홀로 담박해서 마음 속에 어떤 욕심의 징조도 없으니, 마치 웃을 줄도 모르는 어린애 같구나. 또 나의 허허로운 모습은 마치 돌아갈 집도 없는 것 같구나.

세상 사람들은 넘칠 정도로 야심만만하지만, 나만은 홀로 그런 야심을 모두 버려서 부족한 듯 보이는구나. 나는 진실로 어리석은 사람의 마음과 같다! 혼돈 상태에 있다! 세속 사람들은 빛나고 분명해 보이는데, 나만은 홀로 어둡고 우매한 듯 하구나. 세속 사람들은 명석하고 엄밀해 보이는데, 나만은 홀로 흐리멍덩하구나. 나의 담박함은 마치 바다처럼 고요하고, 나의 표일함은 마치 바람처럼 목적도 없고 머물 곳도 없구나. 사람들은 모두 쓸모가 있는 듯한데, 나만은 홀로 우둔하고 비루한 것 같구나. 그리하여 나만이 남들과는 달리 식모食母35)를 하게 여긴다.

1. 덕 있는 사람의 행동거지

덕 있는 사람은 고요히 있을 때는 아무 사념이 없고, 행동을 할 때도 아무런 사려분별이 없으며, 마음 속에 옳고 그름이나 선과 악에 대해 간직해두지 않으며, 온천하와 이익을 함께하는 것을 스스로의 기쁨으로 여기고, 사람들과 함께 풍족한 것을 자기 마음의 편안함이라 여긴다. 연민을 할 때는 마치 어린애가 어머니를 잃은 듯하고, 망연히 있을 때는 마치 길을 가다가 방향을 잃은 듯하고, 재물의 쓰임새는 넉넉하면서도 그것이 어디로부터 오는지 모르고, 음식은 충분히 취하지만 그것이 어디서 오는지 모르니, 이것이 덕 있는 사람의 모습이다.

(『장자』 외편 제12장 〈천지〉)

2. 문둥이가 한밤중에 애를 낳으면

세상에서 그렇다고 하는 것을 그렇다고 하고 세상에서 착하다고 하는 것을 착하다고 할 때는 그를 아첨하는 사람이라고 말하지는 않는다. 그렇다면 세속이 자못 어버이보다 엄하고 임금보다 존귀하단 말인가? 그러나 남이 자기를 영합하는 사람이라 말하면 발끈 성을 내고, 남이 자기를 아첨하는 사람이라 말하면 울컥 낯빛을 바꾸니, 이런 사람은 평생 영합

---

35) 어머니가 아이를 낳아 젖을 먹여 키우듯이, 대도는 만물을 낳아서 양육하는데 이를 식모(食母)로 상징한 것이다.

하고 평생 아첨하는 사람이다. 그들은 교묘한 비유나 미사려구를 늘어놓아 사람들을 모으지만, 그들의 말은 처음과 끝, 근본과 말단이 서로 일치하지 않는다. 그들은 옷자락을 드리우고 갖가지 치장을 하고 얼굴빛을 꾸미면서 한 세상에 아첨하면서도 스스로는 그것을 아첨이라고 말하지 않는다. 남들과 한무리가 되어 옳다 그르다 떠들면서도 스스로는 한패거리라고 말하지 않으니, 이는 어리석음의 극치인 것이다.

자기의 어리석음을 아는 자는 큰 어리석음이 아니고, 자기의 미혹을 아는 자는 큰 미혹이 아니니, 크게 미혹된 자는 그 미혹을 평생 깨닫지 못하고 크게 어리석은 자는 그 어리석음이 평생 지혜롭게 되지 않는다. 세 사람이 길을 가다가 한 사람이 미혹되어 길을 잃는다해도 목적지까지는 갈 수 있으니, 그것은 미혹된 자가 소수라서 다수의 의견에 지기 때문이다. 그러나 두 사람이 미혹되어 있으면 헛수고만 하고 목적지에 이르지 못하니, 그것은 미혹된 자가 다수라서 소수의 의견을 이기기 때문이다. 그런데 지금은 천하가 미혹되어 있으니, 내 비록 도를 향한 진실한 마음이 있다 해도 이룰 수가 없으니 너무나 슬프지 않은가!

훌륭한 음악은 세속 사람들의 귀에는 들어가지 않지만, 절양折楊이나 황과皇荂같은 세속의 음악은 환호하면서 웃어댄다. 따라서 고상한 말은 세속 사람들의 마음에 깃들지 못하는 것이며, 지극한 참된 말이 나오지 못하는 것은 세속의 비속한 말이 무성하기 때문이다. 두갈래 길에서도 미혹이 되면 목적지에 갈 수가 없는데, 지금은 천하가 미혹되어 있으니 내 비록 도를 향한 진실한 마음이 있다한들 어찌 이룰 수가 있겠는가? 이룰 수 없음을 알면서도 억지로 한다면 그것 또한 미혹인 것이다. 따라서 그냥 내버려두고 추구하지 않는 것만 못하니, 추구하지 않는다면 무슨 걱정이 있겠는가? 문둥이가 한밤중에 애를 낳으면 급히 등불을 들고 살펴보는데, 그것은 아이가 오로지 자기와 닮았을까 걱정하기 때문이다. 내 심정이 바로 이와같다고 하겠다.

(『장자』 외편 제12장 〈천지〉)

제21장 도는 황홀할 뿐이다

크나큰 덕의 양상은 오직 도만을 따를 뿐이다. 도라는 것은 무엇인가? 오로지 있는듯 없는듯 황홀할 뿐이다. 이 황홀 속에 우주 만상이 갖추어 있으며, 이 황홀 속에 천지만물이 들어 있다. 도는 깊고도 유현하니, 그 속에는 일체 생명의 본질인 정기精氣가 있고, 이 정기는 너무나 참된지라 그 가운데 진실한 믿음이 있다.

옛부터 지금까지 한결같이 존재하고 그 명칭 또한 없애지 않으면서 만물이 비롯되는 근원을 총괄한다. 내가 어떻게 만물이 비롯되는 근원의 실정을 알 수 있는가? 바로 이 '도'로부터 아는 것이다.

1. 천지는 작위하진 않지만 되지 않는 일이 없다

하늘은 작위가 없는 무위이기 때문에 맑고, 땅 역시 무위이기 때문에 안정되어 있다. 그러므로 이 두 무위가 서로 합쳐져서 만물이 생성변화하는 것이다. 있는 듯 없는 듯 황홀 속에서 이 만물이 어디로부터 나오는지 알 수가 없고, 아득하고 흐릿한 황홀 속인지라 그 형상도 알 수가 없구나! 그렇지만 만물은 모두 이 무위로부터 무성히 번식해가는 것이니, 이 때문에 "천지는 작위하지 않지만 되지 않는 일이 없다"라고 말하는 것이다. 그러나 세상 사람들 중에 어느 누가 이 무위의 경지를 얻을 수 있겠는가?

(『장자』 외편 제18장 〈지락至樂〉)

2. 지극한 도의 정기

지극한 도의 정기는 유현하고 그윽하며, 지극한 도의 극치는 흐리멍덩하면서도 고요하다.

(『장자』 외편 제11장 〈재유〉)

3. 도의 덕

도는 실제적인 정황도 있고 신실信實함도 있지만, 아무런 작위도 없고 형체도 없다. 또 전해줄 수는 있어도 물건처럼 받을 수는 없으며, 터득할 수는 있어도 눈으로 볼 수는 없다. 도는 일체 사물의 근본일 뿐만아니라 천지가 나뉘기 전부터 이미 존재했으며, 귀신과 상제上帝를 신령스럽게 하고, 하늘과 땅을 낳았다.

도는 음양이 나뉘기 전인 태극太極보다 앞서지만 높다고만 여길 수 없으며, 천지사방天地四方보다 아래에 있지만 깊다고만 여길 수 없다. 또 천지보다 먼저 생겼지만 오래됐다고 여길 수 없으며, 상고上古보다 훨씬 나이가 많지만 늙었다고 여길 수 없다.

(『장자』 내편 제6장 〈대종사〉)

제22장 논쟁의 무익함

굽히면 오히려 온전히 보전할 수 있고, 구부러지면 오히려 곧게 펼 수 있다. 움푹 패이면 오히려 가득 채울 수 있고, 낡으면 오히려 새로움을 낳을 수 있다. 적게 취하면 오히려 많은 것을 얻을 수 있고, 많은 것을 탐하면 오히려 미혹에 빠진다. 그러므로 성인은 하나인 도를 지켜서 천하의 법도가 된다.

성인은 스스로 나타내 보이지 않기 때문에 오히려 밝게 나타날 수 있고, 스스로 옳다고 여기지 않으므로 도리어 드러날 수 있다. 스스로를 과시하지 않기 때문에 도리어 공功이 드러날 수 있고, 스스로 자랑하지 않으므로 오히려 오래 지속할 수가 있다.

성인은 오직 다투지 않을 뿐이니, 이 때문에 천하의 어느 누구도 그와 다툴 수는 없다. 옛사람이 "굽히는 것이 바로 온전함"이라고 한 말이 어찌 헛된 말이겠는가? 다투지 않고 굽힐 때, 진실로 온전히 도에 복귀할 수 있는 것이다.

1. 무용無用의 유용성

산의 나무는 도끼 자루가 되지만 도리어 스스로를 베어버리고, 기름은 불의 연료가 되지만 스스로를 태워버린다. 계피는 먹음직하기 때문에 사람에게 베어지고, 옻나무는 쓸모가 있기 때문에 사람에게 벗겨진다. 사람들은 쓸모 있는有用 것의 쓰임새는 알아도 쓸모 없는無用 것의 쓰임새는 모르고 있다.

『장자』 내편 제4장 〈인간세〉

2. 총명은 재앙이요 예의는 속박이다

몸이 완전치 못한 사람이 있었는데 그 이름을 소疏라고 부른다. 그의 턱은 배꼽 밑에 숨겨져 있고, 양 어깨는 정수리보다 높이 솟았으며, 상투는 뾰족히 하늘을 가리키고 있으며, 오장육부는 등 뒤로 돌출했으며, 두 넓적다리가 옆구리에 붙어 있었다.

그러나 그는 바느질이나 빨래를 해서 먹고 살기에 충분했으며, 키질을 해서 쌀을 고르면 열 식구도 먹여살릴 수 있었다. 나라에서 병사를 징집할 때도 그는 징집될 염려가 없으므로 두 팔을 휘두르면서 다녔고, 나라에서 큰 부역이 있을 때도 불구자라 하여 아무런 일도 맡지 않았다. 하지만 나라에서 병든 사람에게 곡식을 내릴 때면 3종鍾(양을 나타내는 단위)의 곡식과 열 묶음의 장작을 받았다. 이처럼 몸이 불구자인 자도 스스로의 몸을 길러서 타고난 수명을 마칠 수 있는데, 하물며 덕성이 투박해서 세상의 쓰임새에 어울리지 않는 사람이겠는가?

『장자』 내편 제4장 〈인간세〉

절름발이에다 꼽추에다 언청이인 사람이 있었는데, 그는 위衛나라 영
공靈公에게 도를 얘기해 주었다. 영공은 그가 마음에 든 나머지 몸이 온
전한 사람을 보면 오히려 그 목이 가늘고 밉게 보였다. 목에 항아리같은
혹이 달린 사람이 있었는데, 그는 제齊나라 환공桓公에게 도를 이야기했
다. 환공 역시 그가 마음에 든 나머지 온전한 사람을 보면 그 목이 가늘
고 밉게 보였다.

이처럼 사람의 덕성이 뛰어나면 겉모습 따위는 잊게되는 것이다. 그런
데도 사람들은 잊어야 할 것(즉 겉모습)은 잊지 않고 잊지 않아야 할 것
(즉 덕성)은 잊고 있으니, 이 때문에 진정으로 잊었다고 말하는 것이다.

그러므로 성인은 자연의 도에 노닐면서 총명함을 재앙으로 여기고, 예
의를 사람을 속박하는 아교풀로 여기고, 도덕을 교제하는 수단으로 여기
고, 기교를 장사치의 수단으로 여긴다. 성인은 의도적인 도모를 하지 않
으니, 어찌 총명함을 쓰겠는가? 또 자기자신을 깎고 다듬지 않으니, 어찌
아교풀 따위를 써서 붙히려 하겠는가? 잃는 게 없는데 어찌 덕을 쓰겠는
가? 재물을 추구하지 않는데 어찌 장사치의 기교를 쓰겠는가?

이 네가지는 하늘이 길러주는 것이니, 하늘이 길러주는 것은 천도의
이치를 얻은 것이다. 이미 천도의 이치를 얻었다면 어찌 다시 인위人爲를
쓰겠는가? 성인은 사람의 형체를 지녔지만, 사람의 정情은 갖지 않았다.
사람의 형체를 갖고 있기 때문에 사람과 무리지어 살지만, 사람의 정을
갖지 않았기 때문에 옳고 그름의 관념이 없다. 작고도 작구나, 사람에게
속한 것이! 크고도 크구나, 홀로 천도를 이룬 것이!

(『장자』 내편 제5장 〈덕충부〉)

3. 신인神人은 쓸모없음을 상서롭게 여긴다

석石이라는 이름을 가진 목수가 제나라로 가다가 곡원曲轅에 이르렀는데, 거기서 그는 사당 앞에 있는 상수리나무를 보았다. 그 나무는 어찌나 큰지 수천 마리의 소를 가릴 정도이며, 굵기는 백 아름이나 되었으며, 그 높이는 산을 바라볼 정도이며, 열길이나 올라가야 가지가 붙어 있었으며, 배를 만들 수 있는 가지도 십여개나 되었다. 구경꾼들이 마치 장터처럼 붐볐는데도 그 목수는 거들떠 보지도 않고 자꾸 가기만 했다. 제자가 그 나무를 싫컷 구경한 뒤 목수에게 달려가 물었다.

「저는 도끼를 잡고 선생님을 따라 다닌 이래로 저렇게 훌륭한 재목은 본 적이 없습니다. 그런데 선생님께선 거들떠 보지도 않고 자꾸 가기만 하시니 어찌된 일입니까?」

목수가 말했다.

「그만, 더 이상 말하지 말게나. 쓸모 없는 나무일세. 그 나무로 배를 만들면 가라앉게 되고, 관을 짜면 금방 썩을 것이며, 그릇을 만들면 쉬 깨질 것이며, 문이나 창을 만들면 진액이 흐를 것이며, 기둥을 만들면 좀이 먹네. 그러니 그 나무는 재목이 못되는 나무야. 쓸만한 데가 없기 때문에 저렇게 오래 살 수 있었던걸세.」

목수가 집에 돌아와서 잠을 자는데, 사당 앞에 있는 상수리나무가 꿈에 나타나서 말했다.

「너는 나를 무엇에다 견주려 하는가? 너는 나를 세상에서 쓰여지는 나무에다 비교하려는건가? 저 아가위 나무, 배나무, 귤나무, 유자 나무 따위의 열매들은 익기만 하면 사람들이 거둬가 욕을 보고 말고, 큰 가지는 꺾이고 작은 가지는 잘려나간다. 이런 것들은 그 공능功能으로 인해 삶이 괴로운 것이다. 이 때문에 그 타고난 수명을 다 누리지 못하고 중도에서 일찍 죽고 마니, 이는 제 스스로 세상의 해침을 받은 것으로서 쓸모 있는 사물치고 이렇지 않은 것이 없다.

그러나 나는 쓸모 없이 되기를 오랫동안 추구해 왔다. 살아오는 동안 여러번 죽을 뻔 하다가 지금에 와서야 목적을 이루어 큰 쓰임大用(즉 쓸모 없음의 쓰임새를 뜻함)이 되었다. 가령 내가 쓸모가 있었다면 어찌 이렇게 클 수가 있었겠는가? 그리고 그대나 나나 모두 사물에 불과한데, 어째서 피차간에 서로 이용할 필요가 있겠는가? 게다가 그대는 거의 죽어가는 사람에 불과한데 어찌 쓸모 없는 나무의 참뜻을 알겠는가?」

목수가 잠에서 깨어나 꿈을 얘기하자 제자가 말했다.

「그토록 쓸모 없음을 갈구한다면서 어째서 사당의 나무가 됐을까요?」
「쉿! 잠자코 있게나. 저 나무는 일부러 사당에 몸을 의탁해 자기를 알지 못하는 자들의 비방을 받고 있을 뿐이니, 이는 자신의 쓸모 없음을 나타낸 것이다. 만약 사당 나무가 되지 못했다면 아마도 베어졌을지도 모른다. 저 나무가 자신을 보전하는 법은 뭇사람들의 방법과는 다르다. 그런데도 사당 나무라고 그를 기리고 있으니, 진실과는 거리가 멀지 않은가?」

남백자기南伯子기가 상구商丘 지방에 유람갔을 때 보통 나무와는 다른 거대한 나무를 보았다. 어찌나 큰지 네마리 말이 끄는 수레 천대를 나무 그늘에 숨길 정도였다. 남백자기가 말했다.

「이건 무슨 나무일까? 틀림없이 남다른 재목감이 되겠군.」

그러나 위를 바라보니 가는 나무 가지가 구불구불해서 대들보로 쓸수가 없고, 아래를 바라보니 커다란 밑둥도 뒤틀리고 속이 비어서 관을 만들 수도 없었다. 혀로 잎을 핥아보니 입이 헐면서 상처가 나고, 냄새를 맡아보니 어찌나 독한지 사흘이 지나도 사라지지 않았다.

「이건 정말 재목감이 못되는 나무구만. 그러니까 이렇게 커졌지. 아!
신인神人도 이렇게 쓸모가 없었기에 그 천연의 도를 간직할 수 있었구
나.」

송나라에 형씨荊氏라는 고장이 있는데, 가래나무, 뽕나무, 잣나무가 잘
자랐다. 그러나 나무 굵기가 한두 줌이 넘으면 원숭이를 매어두는 말뚝
을 찾는 자가 베어가고, 서너 아름이 넘으면 커다란 집을 짓는데 대들보
로 쓰기 위해 베어가고, 일곱 여덟 아름이 넘으면 귀족이나 부유한 상인
들이 관을 짜는 나무로 베어갔다. 그러므로 그 나무들은 타고난 수명을
누리지 못하고 중도에서 도끼날에 베어졌으니, 이는 쓸모 있는 재목이기
때문에 환난을 당한 것이다. 마찬가지로 강江의 신에 제사를 지낼 때는
이마에 흰 점이 있는 소나 코가 째진 돼지나 치질을 앓는 사람은 강으로
갈 수 없다고 한다. 이런 것들은 제사를 지내는 무당은 누구나 알고 있는
것이니, 까닭인즉 상서롭지 않기 때문이다. 그러나 신인神人은 이 쓸모
없음을 가장 상서로운 것으로 여긴다.

(『장자』 내편 제4장 〈인간세〉)

4. 성인은 세속을 따른다

옛날을 존중하고 현 시대를 경시하는 것은 세속 학자들의 버릇이다.
그러나 시위씨狶韋氏의 눈으로 요즘 세상을 본다면, 어느 누군들 세속의
흐름에 따르지 않았겠는가? 오직 지인至人만이 세상을 유유자적하게 노
닐면서도 편벽되지 않았고, 사람들을 따르면서도 자기를 잃지 않는다.

(『장자』 잡편 제26장 〈외물〉)

제23장 말이 없으면 도와 합일한다

말이 없으면 자연의 도에 합일할 수 있다. 그러므로 세찬 바람은 하루종일 불 수가 없고, 폭우 역시 하루종일 올 수가 없다. 바람과 비를 일으키는 것은 누구인가? 천지이다. 이 천지도 바람과 비를 오래 지속할 수 없거늘 하물며 사람이겠는가?

그러므로 도에 종사하는 자는 도와 합치하고, 덕에 종사하는 자는 덕과 합치하고, 상실喪失에만 종사하면 상실과 합치한다. 도에 합치하면 도 역시 기꺼이 그와 합일하고, 덕에 합치하면 덕 역시 기꺼이 그와 합일하며, 상실과 합치하면 상실 역시 기꺼이 그와 합일한다. 만약 믿음이 부족하다면 불신만이 있을 뿐이다.

*폭풍은 대지의 음악

자기子기가 말했다.

「저 대지가 내쉬는 기운을 이름하여 바람이라 한다. 이 바람이 불지
않으면 몰라도 일단 불기만하면 온갖 구멍에서 울부짖는 소리가 난다.
그대는 그 윙윙거리는 소리를 듣지 못했는가? 우뚝한 산림을 이루고
있는 백 아름들이나 되는 큰 나무의 구멍은 코 같고 입 같고 귀 같고
쪼구미 같고 고리 같고 절구 같고 깊은 연못이나 웅덩이 같은 모습을
하고 있다. 그런데 바람이 불면 콸콸 물흐르는 소리, 씽씽 화살 나는
소리, 꾸짖는듯한 소리, 흑흑 들이키는 소리, 외치는듯한 소리, 울부짖
는듯한 소리, 웅웅거리는 소리, 재잘거리는 소리 등을 내는데, 앞소리
가 윙윙거리면 뒷소리도 윙윙거리면서 따른다. 이 구멍들은 작게 부는
바람에는 작게 화답하고 크게 부는 바람에는 크게 화답하는데, 바람이
일단 지나가면 모든 구멍이 고요해진다. 그때 그대는 나무들이 크게
휘청거리다가 가볍게 살랑거리는 모습을 보지 못했는가?

(『장자』 내편 제2장 〈제물론〉)

제24장 군더더기

발돋움해서 서는 것은 오래 서있을 수 없고, 가랑이를 벌리며 걷는 것은 오래 걸을 수 없다. 자기를 내세우는 자는 오히려 밝게 나타나지 못하고, 스스로를 옳다고 주장하는 자 역시 밝게 드러나지 못한다. 스스로를 자랑하는 자는 오히려 공功을 나타낼 수 없고, 스스로를 과시하는 자는 오래 지속할 수가 없다.

대도의 관점에서는 이런 행위를 '남는 밥이나 군더더기'라고 하니, 모든 만물이 싫어하는 바이다. 이 때문에 도를 터득한 사람은 그런 행위를 하지 않는다.

1. 자기 과시에 대한 충고

더 많은 재물에만 뜻을 둔 자는 장사꾼에 지나지 않는다. 사람들은 그를 거들먹거린다고 보는데도 그는 오히려 여전히 잘난 체 하고 있다.

(『장자』 잡편 제23장 〈경상초〉)

악행에는 다섯가지가 있지만, 그 중에서 마음의 악惡이 가장 나쁘다. 마음의 악이란 무엇인가? 마음의 악이란 바로 자만이다.

(『장자』 외편 제20장 〈산목〉山木)

2. 두 여인

양자陽子가 송나라에 가서 어떤 여관에 묵었다. 여고나 주인에겐 두 명의 첩이 있었는데, 한 명은 미녀였고 또 한 명은 추녀였다. 그런데도 귀염을 받는 여인은 추녀였고, 미녀는 천대를 받았다. 양자가 그 까닭을 묻자 여관 주인이 대답했다.

「저 미녀는 스스로 아름답다고 여기기 때문에 나는 오히려 아름답게
느껴지지가 않습니다. 하지만 추녀는 스스로 못났다고 여기기 때문에
나는 그 추함을 느끼지 못합니다.」

양자가 제자들에게 말했다.

「제자들아, 명심하거라. 행실이 어질면서도 스스로 어진 척하지 않는
다면, 어디간들 사랑받지 않겠는가?」

(『장자』 외편 제20장 〈산목〉)

3. 타고난 본성을 지켜라

타고난 본성을 인의에 따르게 하는 자는 설사 증삼이나 사추만큼 인의에 통달했더라도 그것이 내가 말하는 훌륭함은 아니다. 마찬가지로 타고난 본성을 오미五味에 따르게 하는 자는 비록 유아兪兒처럼 맛에 능통하더라도 그것이 내가 말하는 훌륭함은 아니며, 타고난 본성을 오성五聲에 따르게 하는 자는 비록 사광처럼 소리에 능통하더라도 그것이 내가 말하는 귀밝음은 아니며, 타고난 본성을 오색五色에 따르게 하는 자는 비록 이주처럼 그 색깔에 능통하더라도 그것이 내가 말하는 눈밝음은 아니다.

내가 말하는 훌륭함이란 인의를 말하는 것이 아니라 본성의 덕을 온전히 할 뿐이다. 내가 말하는 훌륭함이란 흔히 말하는 인의가 아니라 타고난 성명性命의 실정에 맡길 뿐이다. 내가 말하는 귀밝음이란 자기와 동떨어진 대상을 듣는 것이 아니라 그냥 자연스럽게 듣는 것이며, 내가 말하는 눈밝음이란 자기와 동떨어진 대상을 보는 것이 아니라 그냥 자연스럽게 보는 것이다.

가령 자연스럽게 본 것이 아니라 자기와 동떨어진 대상을 보았다 생각하고, 저절로 자연스럽게 얻는 것이 아니라 자기와 동떨어진 대상을 얻었다고 하는 것은 남이 얻는 것을 얻었을 뿐이라서 스스로 자연스럽게 얻는 것이 아니며, 남이 만족한 것만 만족했을 뿐이라서 스스로 자연스럽게 만족한 것은 아니다. 남이 만족한 것만 만족했을 뿐이지 스스로 자연스럽게 만족하지 못했다면, 설사 도척과 백이伯夷의 차별은 있을지라도 미혹으로 본성을 잃었다는 점에선 마찬가지다. 나 역시 이같은 자연의 참된 도道와 덕德에 미치지 못함을 부끄러워하니, 그러므로 위로는 감히 인의의 지조를 지키려하지도 않고 아래로는 미혹으로 본성을 잃는 행실을 하지 않는 것이다.

(『장자』 외편 제8장〈변무〉)

4. 자만은 공을 이루지 못한다

공자가 진陳 나라와 채蔡 나라 사이에서 포위됐을 때 7일간이나 밥을 먹지 못했다. 그러자 태공 임任이 공자를 찾아가 위문했다.

「그대는 거의 죽게 됐소.」
「그렇습니다.」
「그대는 죽기가 싫은가?」
「그렇습니다.」
「내 한번 죽지 않는 도를 말해보겠소. 동해에 의태意怠라 불리는 새가 있는데, 그 새는 느릿느릿해서 잘 날지 못하는 것이 마치 무능한 듯이 보이오. 날 때는 다른 새의 도움을 얻어서 날고, 쉴 때도 다른 새들에 끼어서 쉬며, 나아갈 때는 감히 앞서지 않고, 물러날 때도 뒤에 서지 않으며, 먹이를 먹을 때도 남보다 앞서서 먹지 않고 반드시 먹고 남은 나머지를 먹네. 이 때문에 그 새는 동료들에게 배척을 받지 않고, 사람에게도 해를 입지 않아서 환난을 면하는 것이오.

대체로 곧은 나무는 먼저 베이게 마련이고, 맛 좋은 샘물은 먼저 고갈되게 마련이오. 내가 생각컨대, 당신은 총명한 지식으로 어리석은 사람을 놀라게 하고, 자기자신을 닦아서 다른 사람의 더러움을 드러나게 해서 마치 해나 달을 들고 가듯이 환하게 드러났으니, 이 때문에 환난을 면하지 못하는 것이오.

옛날 나는 큰 덕을 성취한 노자에게 이런 말을 들었소.

"스스로 공功을 자랑하는 자는 그 공을 잃고, 공을 이루고도 물러나지 않는 자는 자신을 망치며, 명예를 이루고도 그 명예에 그대로 머물러 있는 자는 반드시 욕을 본다."

과연 어느 누가 자기의 공적과 명예를 버리고 그것을 뭇사람에게 되돌릴 수 있겠소? 그 도가 천하에 널리 퍼져도 스스로는 그 자리에 머물지 않고, 그 덕이 천하에 행해져도 스스로는 그 명예에 머물지 않는 법이오. 다만 마음을 순수하게 하고 행동을 평범하게 하기를 마치 미친 사람처럼 무심히 하며, 자취를 남기지 않고 권세를 버리면서 공로와 명예를 구하지 않을 뿐이오. 그러므로 이런 사람은 남에게 뭔가를 따져서 구하지도 않고, 남도 그에게 뭔가를 따져서 구할 것이 없소. 이처럼 지인至人은 명성이나 공로를 구하지 않는데, 당신은 어째서 그런 걸 좋아하는 것이오?」

(『장자』 외편 제20장 〈산목〉)

제25장 도는 자연을 법도로 삼는다

한 물건이 혼연일체로 이루어져 있으니, 천지가 생기기 전부터 있었다. 고요하고 적적해서 보아도 볼 수 없고 들어도 들을 수 없고 만져도 잡을 수 없다. 홀로 우뚝스리 존재하면서 영원히 변치 않으며, 온천하를 두루 행하면서도 쉬지를 않으니, 천하만물의 모태母胎라 할 수 있다.

하지만 나는 그 이름이 무엇인지 알지 못한다. 다만 억지로 도道라는 이름을 붙이고, 억지로 대大(크다)라고 부를 뿐이다. 크기 때문에 끝없이 퍼져간다 말하고, 끝없이 확장해 가기 때문에 아득히 멀다고 말하고, 아득히 멀기 때문에 다시 되돌아온다고 말하는 것이다.

그러므로 도가 크고, 하늘도 크고, 땅도 크고, 사람 역시 큰 것이다. 우주 안에는 큰 것이 네가지 있는데, 사람도 그 하나를 차지하고 있다. 그리하여 사람은 땅을 법도로 삼고, 땅은 하늘을 법도로 삼고, 하늘은 도를 법도로 삼으며, 도는 자연을 법도로 삼는다.

1. 우주의 신비

하늘은 스스로 운행하는 것인가? 땅은 스스로 정지해 있는 것인가? 해
와 달은 스스로 자리를 다투면서 돌고 있는 것인가? 아니면 누군가가 주
재하고 누군가가 유지하고 있는 것일까, 아니면 누군가가 하릴 없이 지
내면서 이런 것들을 추진해 나가는 것일까? 혹은 어떤 기관 장치로 인해
부득이 그렇게 되는 것일까? 아니면 움직임에 따라 돌면서도 스스로는
멈추지 못하는 것일까?

구름이 비가 되는 것일까, 비가 구름이 되는 것일까? 누군가가 구름을
일으키고 비를 내리게 하는 것일까, 아니면 하릴 없이 지내면서 재미삼
아 그렇게 하는걸까? 바람은 북쪽에서 일어나 동쪽으로 갔다 서쪽으로
갔다 위로 갔다 방황하는데, 누군가가 이 바람을 뿜어냈다 빨아들였다
하는걸까 아니면 누군가가 하릴 없이 지내면서 부채질하는 것일까? 감히
그 까닭을 묻는다.

(『장자』 외편 제14장 〈천운天運〉)

2. 영원한 순환

소지少知가 말했다.

「사람들의 논의論議를 도라고 할 수 있습니까?」

태공 조調가 대답했다.

「그렇지 않네. 지금 사물의 수를 계산해 보면 그 수가 만萬에 그치지
않는다. 그런데도 만이란 숫자를 정해서 '만물'이라고 말하는 것은 그
수가 많기 때문에 그렇게 호칭할 뿐이다. 이런 관점에서 볼 때, 천지란

것은 형상으로서 큰 것이며, 음양이란 것은 기운으로서 큰 것이다. 그리고 도라는 것은 이 천지와 음양의 공평무사함이니, 도를 '크다'大라는 이름을 붙혀서 불러도 좋을 것이네. 하지만 이미 도라는 이름을 붙혔다면, 이름이 없는 도와 비교할 때 어떻게 구별할 수 있겠는가? 이는 마치 개나 말 같은 것이라서 양자는 완연히 다른 것이지.」

소지가 다시 물었다.

「이 천지 사방의 우주 안에서 만물은 어디서 생겨나는 것입니까?」

태공 조가 대답했다.

「음양의 기운은 서로 감응하면서 서로 해치고 서로 다스리며, 사계절은 서로 바뀌면서 서로 생성하고 서로 죽인다. 이 과정에서 욕심과 미움과 나아감과 물러남이 일어나고, 이 과정에서 암컷과 수컷이 갈라졌다 합하면서 만물을 낳는다. 또 만물의 안전함과 위험함이 서로 바뀌고, 화와 복이 서로 생성하고, 장수하고 요절하는 것이 서로 교대하고, 삶과 죽음이 서로 이루어진다. 이런 것들에 대해서는 그 명칭名과 명칭에 따른 실제 내용實도 조리있게 기재할 수 있고, 그 정밀한 곳까지도 알 수 있다. 만물은 질서를 따라 서로 다스리고 운행의 작용으로 변해가는데, 궁극에 이르면 되돌아가고 끝나면 다시 시작하는 법이니, 이는 만물에 갖추어진 것일세. 이런 사실은 말로도 설명할 수 있고 지식으로도 알 수 있으니, 이는 사물을 끝까지 밀고간 것일 뿐이다. 그러나 도를 본 사람은 만물의 종착역을 추구하지도 않고 만물의 기원을 찾지도 않으니, 여기서 모든 논의는 끝나는 것이다.」

(『장자』 잡편 제25장 〈칙양〉)

3. 도는 사물과 구별되면서도 구별되지 않는다

주周, 변遍, 함咸[36] 이 세 글자는 명칭名은 같지 않지만 실질實은 같은

것으로서 그 가리키는 내용은 똑같다. 시험삼아 우리 서로 무하유無何有
의 경지에서 노닐면서 만물과 하나 되어 끝없는 도의 경지를 얘기해 보
자. 또 시험삼아 우리 서로 무위의 입장에서 담담하고 고요하고 깨끗한
마음으로 만물과 조화롭게 유유자적해 보자. 그렇게하면 우리의 마음은
집착이 떨어져 고요해질 것이며, 이 고요해진 마음은 외적 대상을 지향
하지 않기 때문에 어디로 이르는지도 알지 못하고, 그 마음의 작용이 오
고 가면서도 대상에 대한 집착이 없기 때문에 어디에 머무는지 알지 못
한다. 이처럼 내 마음이 오고 가면서도 그 종착역을 알지 못하고 광활한
세계에서 노닐고 있기 때문에 아무리 큰 지혜로 엿보더라도 그 궁극을
알 수 없는 것이다.

　사물을 사물로서 존재케 하는 도는 사물과 더불어 간격이 없으니, 사
물과 사물에 구별되는 사이가 있는 것은 소위 물제物際(사물의 사이)라고
불린다. 도와 사물과의 관계는 어떤 구별이 없으면서도 구별되는 것이
며, 동시에 구별되면서도 구별되지 않는 것이다. 또 가득 찼다가 비워지
고 번성했다가 쇠퇴하는 현상을 갖고 말해본다면, 도는 만물을 통해 가
득 채워지기도 하고 비워지기도 하지만 도 자체는 가득 채워지거나 비워
지는 일이 없고, 도는 만물을 통해 번성도 하고 쇠퇴도 하지만 도 자체는
번성하거나 쇠퇴하는 일이 없다. 또 도는 만물을 통해 근본이 되고 말단
이 되기도 하지만 도 자체는 근본이나 말단이 되는 일이 없으며, 도는
만물을 통해 모이기도 하고 흩어지기도 하지만 도 자체는 모이거나 흩어
지는 일이 없다.

(『장자』 외편 제22장 〈지북유〉)

---

36) 세 글자가 모두 '두루한다' '고루고루 미친다'의 뜻이다.

역량力量의 근원

제26장 무거움과 가벼움

진중함은 가벼움의 뿌리가 되고, 고요함은 조급함을 다스리는 주재자가 된다. 그러므로 성인은 종일토록 행동해도 진중함과 고요함을 지키니, 비록 영광과 명예를 누리더라도 태연히 임하면서 초연해 있다. 그러니 만승의 천자가 어찌 가벼운 처신으로 천하를 다스릴 수 있겠는가? 따라서 경망하면 근원을 잃고 조급하면 주재자의 지위를 잃는다.

1. 세속의 일에 종사하지 않는다

구작자瞿鵲子가 장오자長梧子에게 물었다.

「나는 공자에게 이런 말을 들은 적이 있습니다. "성인은 세속의 일에 종
사하지 않고, 이익을 추구하지도 않고, 해로움을 피하지도 않고, 뭔가
구하는 걸 좋아하지도 않고, 도를 따르려고 하지도 않고, 말을 안해도
말하는 것이 있고, 말을 해도 말하지 않은 것이 있으니, 세속의 티끌을
벗어나 노닌다."
그러나 공자는 이 말을 허무맹랑한 말이라고 하는데, 저는 미묘한 도를
실천하는 것이라 생각합니다.」

(『장자』 내편 제2장 〈제물론〉)

2. 밖으로만 달리는 자들

지모智謀가 뛰어난 사람은 사고의 분별이 변화무쌍하지 않으면 즐겁지
가 않고, 변론이 뛰어난 사람은 말할 기회가 없으면 즐겁지 않고, 일을
잘 살피는 사람은 남의 잘못을 따지질 않으면 즐겁지가 않다. 이들은 모
두 외부 대상에 사로잡힌 자들이다.

세상에서 빼어난 사람은 조정에서 이름을 떨치고, 백성을 잘 다스리는
자는 벼슬의 영화를 얻고, 힘이 센 사람은 난관을 이긴 것을 자랑하고,
용감한 사람은 환난 속에서 분발하고, 병법에 능한 자는 전쟁을 즐기고,
초야에 숨은 사람은 명예를 존중하고, 법률을 잘 아는 사람은 법의 다스
림을 확대하고, 예악에 밝은 사람은 공경한 몸가짐을 하며, 인의를 좇는
사람은 남과의 교제를 중시한다.

또 농부는 경작할 일이 없으면 마음이 편치 않고, 상인은 사고 팔 일이

없으면 마음이 편치 않고, 서민은 아침 저녁 일이 있으면 부지런히 힘쓰고, 모든 공인工人은 교묘한 도구가 있으면 열심히 일한다. 재물이 쌓이지 않으면 탐욕스러운 자는 걱정을 하고, 권세가 드높지 않으면 자기과시를 하는 자는 슬퍼한다.

이처럼 권세와 외적인 것을 좇는 무리들은 변화를 즐기는 법이다. 이런 자들은 때를 만나면 쓰이는 바가 있기 때문에 무위無爲에 노닐 수는 없다. 이들 모두는 시류時流에 순응하고 외적인 것에 끌려 행동하므로 도에 따라 변화하는 것이 아니다. 육신과 정신이 밖으로만 달리다 세상 만물에 빠진 채 평생토록 돌이키질 못하니, 너무나 슬프구나!

(『장자』 잡편 제24장 〈서무귀〉)

제27장 밝은 지혜를 간직하다

훌륭한 행실은 한 점의 자취도 남기지 않으며, 훌륭한 말은 한 점의 허물도 없으며, 훌륭히 셈을 하는 사람은 계산기를 쓰지 않는다. 문을 잘 잠그는 사람은 빗장을 쓰지 않는데도 어느 누구도 열 수 없으며, 잘 묶는 사람은 밧줄을 쓰지 않는데도 어느 누구도 풀 수가 없다.

그러므로 성인은 항상 사람들을 잘 살려서 쓰기 때문에 아무도 버리지 않으며, 항상 사물을 잘 살려서 쓰기 때문에 어떤 사물도 버리지 않으니, 이를 습명襲明, 즉 '밝은 지혜를 간직함'이라고 부른다. 따라서 착한 사람은 착하지 못한 사람의 스승이고, 착하지 못한 사람은 착한 사람의 제자가 된다. 그 스승됨을 소중히 여기지 않고 그 제자됨을 아끼지 않는다면, 비록 스스로 총명하다 여기더라도 실제로는 크게 미혹될 것이니, 이를 요묘要妙, 즉 '지극히 현묘함'이라고 부른다.

*성인은 사람을 버리지 않는다

노나라에 발뒤꿈치가 잘리는 형벌을 받은 숙산무지叔山無趾라는 사람이 있었다. 그가 발을 절룩거리면서 공자를 찾아 뵙자 공자는 그에게 이렇게 말했다.

> 「자네는 몸을 삼가질 못했기에 예전에 죄를 저질러 이 지경이 됐네. 비록 지금 나를 찾아왔지만 어찌 자넬 가르치겠는가?」

숙산무지가 말했다.

> 「나는 다만 해야할 일을 모르고 내 몸을 가볍게 썼기 때문에 발꿈치를 잘리는 형벌을 당한 것입니다. 하지만 지금 내가 온 것은 발꿈치보다 존귀한 것이 있기 때문이며, 그것을 온전히 하는데 힘쓰기 위해섭니다. 무릇 하늘은 덮지 않는 것이 없고 땅은 싣지 않는 것이 없다고들 하는데, 나는 그 동안 선생님을 하늘과 땅처럼 여기고 있었습니다. 내 어찌 선생님이 이런 분인 줄 알았겠습니까?」
> 「내 생각이 좁았소. 당신을 어찌 맞아들이지 않겠소? 내가 알고 있는 바를 당신에게 말씀드리겠소이다.」

잠시 후 숙산무지가 나가자, 공자가 제자들에게 말했다.

> 「제자들이여, 힘써 노력하라. 저 숙산무지는 발꿈치를 잘린 형벌을 받았는데도 배움에 힘써서 과거의 과오를 보충하려고 하는데, 하물며 온전한 덕을 갖춘 너희들이야 말할 것도 없다.」

숙산무지가 노담을 찾아가 말했다.

> 「공구孔丘는 지인至人에 도달하려면 아직 멀었더군요. 그런데 어째서

자꾸 당신에게 배우려 하는 걸까요? 그는 괴상하고 허황된 명성을 천하에 날리려는 것 같은데, 지인은 그러한 명예를 자신의 손발을 묶는 수갑이나 차꼬로 여기고 있다는 걸 모르는 모양입니다.」

노담이 대답했다.

「그대는 왜 죽음과 삶이 동일한 줄기이고 옳고 그름이 하나로 꿰어져 있다는 것으로써 그의 질곡을 풀어주지 않는가? 그건 할 수 있지 않은가?」
「그의 질곡은 하늘이 내린 형벌인데 어찌 풀 수가 있겠습니까?」

(『장자』 내편 제5장 〈덕충부〉)

신도가申徒嘉는 발꿈치가 잘리는 형벌을 받은 사람인데, 정鄭 나라의 자산子産과 함께 백혼무인伯昏無人의 제자였다. 자산이 그와 같이 있는 게 싫어서 신도가에게 말했다.

「내가 먼저 나가면 그대는 남아 있으시오. 만약 그대가 먼저 나간다면 내가 남아 있을 테니까.」

다음날 두 사람은 다시 같은 자리에 앉게 되었다. 자산이 신도가에게 말했다.

「내가 먼저 나가면 그대가 남아 있고, 그대가 먼저 나가면 내가 남기로 하세. 지금 내가 나가려고 하는데 그대는 남아 있겠는가 못하겠는가? 게다가 그대는 대신大臣을 보고도 피하려고 하지 않는데 그대가 나와 동등하단 말인가?」

신도가가 말했다.

「선생님 문하에서 정말 대신이라는 지위가 문제가 되던가? 당신은 대신의 지위를 내세워서 남을 깔보고 있는 것이요. 내 들건대, "거울이 밝은 이유는 먼지가 끼지 않기 때문이니 먼지가 끼면 밝지가 못하다. 이렇듯 오랫동안 어진 자와 함께하고 있으면 허물이 없어진다"라고 했소. 지금 당신은 선생님을 아주 위대하게 생각하고 있는데, 그런데도 그런 말을 하다니 잘못이 아닌가요?」

「자네는 이미 그런 꼴인데도 여전히 요 임금과 누가 착한지 겨루려 할 정도군. 자네 덕을 생각해보고 스스로 반성할 수는 없는건가?」

「스스로 자기 잘못을 변명하면서 부당하게 발꿈치를 잘렸다고 하는 자는 많지만, 자기 잘못을 변명하지 않고서 당연히 발꿈치를 잘린 것이라 여기는 사람은 적소. 다만 인력으로는 어찌할 수 없다는 걸 알아서 운명에 편안히 따르는 일은 오직 덕 있는 사람만이 할 수 있는 것이오. 말하자면 활 쏘기의 명인 예羿의 사정거리 안에 들어가면 어느 누구나 화살에 맞을 수 있겠지만, 그런데도 맞지 않는다면 그건 운명이오. 세상에는 두 발이 온전하다고 해서 불구가 된 내 발을 비웃는 사람들이 많소. 나 역시 그런 비웃음을 당하면 발끈해서 화를 내긴 하지만, 선생님 처소에 가면 깡그리 잊고서 다시 평상심을 회복하오. 이는 선생님께서 훌륭하신 덕으로 나를 씻어주신 덕분인지는 모르겠지만, 선생님께선 나와 함께 지낸 19년 동안 한번도 나를 발꿈치를 잘린 불구자라고 의식한 적이 없소. 지금 당신과 나는 서로 내면의 덕으로 사귀어야 하는데도 당신은 나를 겉모습에서만 찾고 있으니, 그 또한 잘못이 아니겠소?」

이 말을 들은 자산은 깜짝 놀라면서 안색을 고친 뒤 말했다.

「내가 잘못했네. 그만 말하게나.」

(『장자』 내편 제5장 〈덕충부〉)

제28장 여성을 지킨다

남성의 이치를 알면서도 동시에 여성의 이치를 지킬 수 있다면, 모든 흐름이 모여드는 천하의 골짜기가 될 수 있다. 천하의 골짜기가 되면, 영원한 덕을 여의지 않고 순진무구한 어린애의 상태로 복귀할 수 있다.

명명백백함白을 알면서도 동시에 그 이면의 어둠黑을 지킬 수 있다면, 천하의 법도가 될 수 있다. 천하의 법도가 되면, 영원한 덕을 어기지 않아서 무극無極37)에 귀할 수 있다.

영예로운 자리를 알면서도 동시에 오욕된 자리를 지킬 수 있다면, 천하의 골짜기가 될 수 있다. 천하의 골짜기가 되면 영원한 덕이 충족되어서 소박한 상태樸로 복귀할 수 있다.

이 소박함이 흩어지면 만물이라는 그릇器이 되니, 성인은 이 소박함을 써서 만인의 우두머리가 된다. 따라서 위대한 정치는 만물을 쪼개거나 나누질 않고 자연의 본성에 따르게 할 뿐이다.

---

37) 궁극적인 도의 바탕. 둥근 원처럼 지극하면서도 원만하기에 무극이라고 한다.

1. 인의仁義를 만든 것은 성인의 허물이다

말은 발굽이 있어서 눈이나 서리를 밟을 수 있고, 털이 있어서 바람이나 추위를 막을 수 있으며, 또 풀을 뜯고 물을 마시며 발을 들어 뛰기도 하니, 이는 말의 참된 본성이다. 그래서 높은 집이나 화려한 궁전일지라도 말에게는 아무 쓸모가 없는 것이다.

그런데 백락伯樂이 나와 "나는 말을 잘 다룬다"고 하면서 털을 태우거나 깎기도 하고 발굽을 깎거나 낙인을 찍으며, 또 굴레와 고삐로 여러 마리를 엮어서 마굿간에 매어놓으니, 말 중에서 죽는 놈이 열에 두셋은 되었다. 게다가 말을 훈련시킨답시고 굶기기도 하고 물을 안주기도 하면서 달리고 뛰게 하여 명령대로 길들이니, 앞에는 재갈을 물린 성가신 장식이 있고 뒤에는 채찍질의 위협이 있어서 말 중에 죽는 놈이 절반을 넘어섰다.

또 도공陶工은 "나는 진흙을 잘 다룬다. 둥글게 만들면 그림쇠에 꼭 맞고 네모나게 만들면 곡척曲尺에 꼭 맞는다"고 하고, 목수는 "나는 나무를 잘 다룬다. 구부러지게 깎으면 곡척에 맞고 곧게 깎으면 먹줄에 맞는다"고 하는데, 진흙이나 나무의 본성이 어찌 그따위 그림쇠나 먹줄 등에 맞추어지고자 했겠는가? 그런데도 세상에서는 대대로 "백락은 말을 잘 다루며, 도공이나 목수는 진흙과 나무를 잘 다룬다"고 칭송하고 있으니, 이 역시 인의로써 천하를 다스리는 자의 잘못인 것이다.

내 생각에 천하를 잘 다스리는 자는 그렇게 하지 않는다. 저 백성들에겐 떳떳한 본성이 있다. 즉 옷감을 짜서 입고 땅을 갈아서 먹으니 이를 동덕同德(공통된 덕)이라 부르고, 모두가 하나될 뿐 붕당을 짓지 않으니 이를 천방天放(구속없는 자유)이라고 이름붙인다.

그러므로 지극한 덕이 있는 세상에서는 사람들의 행동이 여유가 있고 그 눈길은 맑고 깨끗했다. 당시는 산에 길이 나있지 않았고 강이나 못에도 배나 다리가 없었다. 만물은 무리지어 살면서도 사는 곳에 경계를 두지 않았으니, 새나 짐승은 떼지어 살고 풀과 나무는 제멋대로 자랐다. 그러므로 사람들도 새나 짐승을 해치는 마음이 없어서 그들을 고삐에 매어 같이 노닐 수 있었으며, 새나 까치의 둥지도 올라가 볼 수 있었던 것이다.

무릇 지극한 덕이 있는 세상에서는 새나 짐승과 함께 살고 만물과 한 가족처럼 어울렸으니, 군자니 소인이니 하는 분별을 어찌 알겠는가? 누구나 다 지식이 없었기 때문에 자연의 덕에서 이탈하지 않았고, 누구나 다 욕심이 없어서 소박하다고 말할 수 있었다. 이렇게 소박했기에 사람들도 자기의 본성을 지킬 수 있었던 것이다.

그러다 성인이 나타나서 애써서 인仁을 행하고 허둥지둥 의義를 행하게되자, 천하 사람들이 비로소 의심을 품게 되었다. 방탕한 마음으로 음악을 만들고 번거롭게 예의를 정하니, 천하 사람들이 비로소 분열되기 시작했다. 그러므로 자연의 통나무를 깎지 않고 어떻게 술잔을 만들겠으며, 백옥을 훼손시키지 않고서 어떻게 옥그릇을 만들겠는가? 마찬가지로 참된 도와 덕을 없애지 않고서 어떻게 인의를 취할 것이며, 참된 본성을 이탈하지 않고서 어떻게 예악禮樂을 쓰겠는가? 또 오색五色을 흐트러뜨리지 않고 어떻게 무늬 장식을 만들 것이며, 오성五聲을 교란시키지 않고 어떻게 육률六律에 감응하겠는가? 따라서 자연의 통나무를 해쳐서 그릇으로 만든 것은 목수의 죄이며, 참된 도와 덕을 훼손해서 인의를 만든 것은 성인의 허물이다.

(『장자』 외편 제9장 〈마제馬蹄〉)

2. 반박귀진反樸歸眞

하백河伯이 북해약北海若에게 물었다.

「무엇을 천연天然이라 하고, 무엇을 인위人爲라고 합니까?」

북해약이 답했다.

「소나 말에게 다리가 넷 있는 것을 천연이라 일컫고, 말 머리에 굴레를 씌우거나 소 코를 뚫는 것을 인위라고 부른다. 그러므로 "인위로써 천연의 성품을 훼손시키지 말 것이며, 의도적인 뜻으로 성명性命을 없애지 말 것이며, 명성으로 인해 덕성을 잃지말라"고 하는 것이니, 이 세 가지를 삼가해서 잃지 않는 것을 '반박귀진'返樸歸眞38)이라 말한다.

(『장자』 외편 제17장 〈추수〉)

---

38) 무위자연의 근원인 소박함(樸)과 천진함(眞)으로 돌아가는 것.

제29장 간섭을 경계하라

천하를 차지하고자 인위적으로 다스리지만, 나는 그것이 불가능하다는 걸 안다. 천하는 신령스런 그릇神器이라서 인위적으로 다스릴 수도 없고 인위적으로 잡을 수도 없기 때문이다. 만약 인위적으로 다스리려고 하면 천하는 망가지고, 인위적으로 잡으려 하면 천하를 잃고 만다.

무릇 사물이란 어떤 것은 앞서가나 어떤 것은 뒤따르며, 어떤 것은 따뜻한 기운을 내쉬나 어떤 것은 찬 기운을 내뿜으며, 어떤 것은 강하지만 어떤 것은 유약하며, 어떤 것은 안정되어 있으나 어떤 것은 위태로우니, 어찌 사람이 작위적으로 만물을 다룰 수 있겠는가?

그러므로 성인은 과도한 행실을 피하고, 사치스런 짓을 하지 않으며, 교만에 빠지는 것을 경계한다.

1. 대물大物

나라를 차지한 자는 가장 큰 것大物을 가진 사람이라고 할 수 있다. 이 대물을 차지한 사람은 반드시 사물 스스로 얻게끔 해야지 사물에 이용되서는 안되며, 사물에 이용되지 않을 수 있다면 만물을 통치할 수 있다. 만물을 다스리는 법을 완전히 이해한 사람은 그 만물에 이용되지 않는 사람이니, 어찌 다만 천하의 백성만을 다스리겠는가? 온우주를 드나들고 온세계에 노닐면서도 아무런 장애 없이 홀로 갔다 홀로 오니, 이를 독유獨有(홀로 존재함)라고 한다. 이 독유의 인간을 세상에서는 '가장 고귀한 자'至貴라고 부른다.

(『장자』 외편 제11장 〈재유〉)

2. 공자가 노래자를 만나다

노래자老萊子의 제자가 나무하러 갔다가 우연히 공자를 만나고는 돌아와서 말했다.

> 「제가 한사람을 만났는데, 그 사람은 상체는 길고 하체는 짧았으며, 등은 굽었고 귀는 머리 뒤쪽에 달려 있었습니다. 또 눈길은 마치 천하를 관장하려는 듯이 보였는데, 도대체 그가 누구의 자손인지 모르겠군요.」

노래자가 말했다.

> 「그는 공구이니, 가서 불러오게.」

공자가 오자 노래자는 그에게 이렇게 말했다.

「공구여! 그대의 자랑하는 듯한 몸가짐과 지혜로운 듯한 안색을 없애 게나. 그러면 군자가 될 수 있을걸세.」

(『장자』 잡편 제26장 〈외물〉)

제30장 무력 사용을 경계함

자연의 도로써 임금을 보좌하는 사람은 무력으로 천하를 억압하지 않으니, 무력으로 억압하면 사람들은 복종하지 않기 때문이다. 따라서 그가 좋아하는 일은 모든 일을 자연의 도로 되돌리는 것이다.

군대가 머무는 곳은 농토가 황폐화되서 가시덤불이 무성하며, 큰 군대가 지나간 뒤에는 반드시 흉년이 온다. 무력을 잘 사용하는 자는 위난을 구원하는데 목적을 둘 뿐이지 함부로 강력한 힘을 쓰지는 않는다. 위난을 구원할 뿐이기에 자신의 힘을 내세우지 않으며, 위난을 구원할 뿐이기에 자신의 힘을 자랑하지 않으며, 위난을 구원할 뿐이기에 교만하지 않으며, 위난을 구원할 뿐이기에 어쩔 수 없이 힘을 쓰며, 위난을 구원할 뿐이기에 힘의 우위를 구하지 않는다.

무릇 사물은 강성해지면 쇠퇴하게 마련인데, 그런데도 강한 것만을 구한다면 이는 도와 일치하지 않는 것이다. 도와 일치하지 않는다면 이내 멸망하게 된다.

* 무력의 위험성

성인은 꼭 해야 할 일도 반드시 해야 한다고는 생각지 않기 때문에 내면의 갈등이 없고, 세상 사람들은 꼭 하지 않아도 될 일을 반드시 해야 한다고 생각하기 때문에 내면의 갈등이 많다. 내면의 갈등을 따르기 때문에 자기의 행실에 구하는 것이 있게 되니, 내면의 갈등이 그 구하는 것에 빠지면 결국 망하게 된다.

(『장자』 잡편 제32장 〈열어구〉)

제31장 상서롭지 못한 도구

　　예리한 무기는 상서롭지 못한 물건이라서 사람들은 그러한 무기를 싫어한다. 이 때문에 도를 터득한 사람은 무력을 가볍게 쓰지 않는다. 군자는 평상시에는 왼쪽을 소중히 여기고 무력을 쓸 때는 오른쪽을 높인다.

　　무기란 상서롭지 못한 물건이라서 군자가 쓸만한 것이 아니다. 하지만 부득이해서 쓸 때는 공평무사하게 쓰는 걸 최상으로 여긴다. 설사 전쟁에 이기더라도 자랑하지 않으니, 자랑하는 자는 사람 죽이길 즐기는 자이다. 무릇 사람 죽이길 즐기는 자는 천하 사람들의 지지를 얻을 수 없다. 상서로운 일에는 왼쪽을 높이고 흉한 일에는 오른쪽을 높이며, 또 편장군偏將軍은 왼쪽에 위치하고 상장군上將軍은 오른쪽에 위치하니, 이는 무력 행사를 상례喪禮로써 대처한 것이다. 이는 많은 사람을 죽였기 때문에 슬퍼하는 마음으로 임한 것이니, 전쟁에 이기더라도 상례로써 대처한 것이다.

1. 전쟁의 승리자

무후無候가 서무귀徐無鬼에게 물었다.

「오랫동안 선생님을 뵙고 싶었습니다. 나는 백성에 대한 사랑과 인의
를 위하여 전쟁을 그만두고자 합니다. 그것이 가능하겠습니까?」

서무귀가 대답했다.

「안됩니다. 백성을 사랑하는 것은 바로 백성을 해치는 시초이며, 인의를
위해 전쟁을 그만두는 것은 전쟁을 일으키는 뿌리입니다. 왕께서 만약
그렇게 하신다면 일을 성취하지 못할 겁니다. 대체로 영예로운 업적을
이루려는 것 자체가 악의 그릇器입니다. 왕께서 비록 인의를 행하더라도
그것은 거의 거짓이 됩니다. 어떤 형태가 있는 것은 반드시 그 형태의
흔적을 남기게 마련이니, 말하자면 성공이 있으면 으레이 실패도 있는
것이라서 이러한 변화가 생기면 반드시 남과 싸우게 됩니다.
그 경우 왕께서는 높은 누각에 계시면서 덕치德治를 생각해야지 군대
의 진법陣法을 생각지는 마시고, 제사를 지낼 때도 경건한 마음을 가져
야지 보병이나 기병의 공격을 생각지 마십시오. 말하자면 덕에 어긋나
는 마음을 품어서도 안되고, 잔재주로 상대를 이겨서도 안되고, 모략으
로 상대를 이겨서도 안되고, 전쟁으로 상대를 이겨서도 안됩니다.
무릇 남의 백성을 죽이고 남의 땅을 차지해서 자신의 사사로운 욕망과
정신을 기르는 것은 그 전쟁에서 아무리 좋은 명분을 내세우더라도 누
가 옳은지는 알 수 없는 법이니, 도대체 승리가 어디에 있겠습니까?
왕의 마음에 전쟁이 없다면 그것으로 그만입니다. 부디 가슴 속의 지극
한 정성을 잘 닦고 천지의 성정性情에 순응해서 생각을 어지럽히지 마
십시오. 그렇게되면 백성들도 이미 죽음에서 벗어날 터인데, 어찌 왕께
서 전쟁을 그만둔다고 하실 필요가 있겠습니까?」

(『장자』 잡편 제24장 〈서무귀〉)

2. 전쟁의 곤경과 평화

위나라 혜왕惠王인 위형魏瑩이 제나라 위왕威王인 전후모田候牟와 약속을 했는데, 전후모가 이를 배신했다. 혜왕이 분노해서 자객을 보내 척살하려 하자, 서수犀首 벼슬을 하고 있는 공손연公孫衍이 이 말을 듣고 부끄럽게 여기면서 말했다.

「왕께서는 만승의 제왕이신데 한낱 필부를 보내 원수를 갚으려 하십니까? 청컨대 20만의 군사를 내려 주신다면 왕을 위해 제나라를 치겠습니다. 그리하여 그 나라의 백성을 포로로 잡고 소와 말을 끌어온다면, 제나라의 왕은 그 분노로 인해 속에서 열불이 날터인데, 그 다음에 그 나라를 빼앗겠습니다. 만약 제나라의 장군 전기田忌가 도망친다면 끝까지 뒤를 추격해서 등골을 부러뜨려 놓겠습니다.」

계자季子가 이 말을 듣고 부끄럽게 여기면서 말했다.

「열 길 높이의 성을 쌓는데, 그 열 길을 다 쌓고나서 다시 허물어 버린다면, 이는 일하는 사람만 괴롭힐 뿐입니다. 지금 우리나라는 군사를 일으키지 않은지 7년째가 되는데, 이는 천하의 왕이 될 수 있는 기반입니다. 그런데 공손연은 군사를 일으키자고 하면서 혼란을 조성하니 그의 말을 들어서는 안됩니다.」

그러자 위나라의 신하 화자華子가 또 그의 말을 듣고 부끄러워하면서 말했다.

「제나라를 정벌하자고 말을 잘 한 사람도 혼란을 조성하는 사람이며, 제나라를 정벌하지 말자고 말을 잘 한 사람도 혼란을 조성한 사람입니다. 아울러 정벌하자는 사람이나 정벌하지 말자는 사람이나 모두 혼란을 조성하는 사람이라고 말하는 사람 역시 혼란을 조성하는 사람입니다.」

혜왕이 말했다.

「그렇다면 어찌해야 좋은가?」
「왕께서는 다만 도를 구할 뿐입니다.」

위나라 재상 혜자惠子가 이 말을 듣고 대진인戴眞人을 왕에게 소개했다. 대진인이 왕에게 말했다.

「달팽이라는 것이 있는데, 왕께서는 아십니까?」
「알고 있소.」
「달팽이 왼쪽 뿔에 나라가 있는데 촉씨觸氏라 하고, 달팽이 오른쪽 뿔에도 나라가 있는데 만씨蠻氏라고 합니다. 이 두 나라는 때때로 서로 땅을 차지하기 위해 전쟁을 일으키는데, 그 시체가 수만명이 되고 달아나는 적을 쫓으면 15일이 지난 뒤에야 돌아온다고 합니다.」
「허! 그건 거짓말이요.」
「그렇다면 저는 왕에게 사실대로 이야기 하겠습니다. 왕께서는 이 사방과 상하의 우주가 궁극의 끝이 있다고 생각하십니까?」
「무궁하다고 생각하오.」
「만약 마음이 그러한 무궁한 경지에서 노닐 줄 안다면, 그런 경지에서 놀다가 다시 돌아와 사람들이 사는 이 유한한 국토를 본다면 너무나 작아서 있는듯 없는듯 하지 않겠습니까?」
「그렇소이다.」
「이 유한한 국토 속에 위나라가 있고, 위나라 속에 도읍지 양梁이 있고, 도읍지 양 속에 왕께서 머무십니다. 그렇다면 위나라 왕과 만씨와 어떤 차이가 있겠습니까?」
「차이가 없소.」

대진인이 물러가자, 혜왕은 멍하니 얼이 빠진 것 같았다.

(『장자』 잡편 제25장 〈칙양〉)

제32장 도는 바다와 같아서 만물이 귀일한다

도는 영원히 이름붙일 수 없는 것으로서 소박朴 그 자체다. 비록 지극히 작더라도 천하가 감히 거느릴 수 없다. 만약 군주가 이 도를 지킬 수만 있다면 만물이 스스로 본성에 복귀할 것이다. 하늘과 땅이 서로 합일하여 감로甘露를 내려주니, 사람들이 특별히 명령하지 않아도 저절로 만물을 균등히 적셔준다.

처음으로 만물이 있게 되면 이름을 갖게 되는데, 명칭이 있으면 만물 역시 있는 것이다. 그렇게 되면 만물은 머물 줄 알게 되는데, 머물 줄 알면 위태롭지 않은 것이다.

도가 천하에 존재하는 것은 비유하자면 골짜기의 시냇물이 모두 강과 바다로 흘러가듯이 천하 만물은 모두 도로 귀일한다.

1. 대인大人

덕德은 도의 절대성 속에 통합되어야 하고, 말은 지식으로 알 수 없는 경계에서 멈춰야 최상인 것이다. 도의 절대성이란 덕과 동화할 수 없는 것이며, 지식으로 알 수 없는 것은 변론으로 따질 수 없는 것이다. 그런데도 유가儒家나 묵가墨家는 명목名目만을 다루고 있으니, 이는 불길한 일이다.

바다는 동쪽으로 흐르는 물을 사양치 않으니, 그 때문에 지극히 거대한 것이다. 마찬가지로 성인은 천지를 함께 감싸면서 그 은혜를 천하에 미치지만, 사람들은 누가 그렇게하는 줄 알지 못한다. 이 때문에 성인은 살아서는 벼슬의 지위가 없고, 죽어서는 시호諡號가 없으며, 재물도 모으지 않고 명성도 드러나지 않으니, 이를 대인大人이라고 부르는 것이다.

개는 잘 짖는다고 해서 좋은 개가 아니다. 마찬가지로 사람은 말을 잘 한다고 해서 현자가 아니니, 하물며 대인이라 할 수 있겠는가? 무릇 크다고 하는 것도 크다고 여기기엔 부족한데, 하물며 덕을 갖춘 것이겠는가? 대체로 크게 갖춘 것으로는 천지만한 것이 없다. 그러나 천지가 무엇을 구하던가? 다 스스로 크게 갖춘 것이다. 크게 갖추어짐을 아는 자는 구할 것도 없고 잃을 것도 없고 버릴 것도 없고, 외적 사물에 의해 자기를 바꾸지도 않는다. 오히려 스스로의 본성으로 돌아가서 무궁의 경지에 이르니, 옛 도를 따를 뿐 아무런 꾸밈이 없다. 이것이 바로 대인의 진실한 모습이다.

(『장자』 잡편 제24장 〈서무귀〉)

2. 앎을 그쳐라

우리 생명은 끝이 있지만 앎의 추구는 끝이 없다. 끝이 있는 생명으로 끝이 없는 앎을 좇는다면, 이는 위태로운 짓이다. 게다가 이미 위태로움을 알면서도 계속 앎을 추구한다면 더욱 위태로울 뿐이다.

(『장자』 내편 제3장 〈양생주〉)

사람이 지식으로 알 수 없는 데 머물 수 있다면, 앎의 지극함에 이른 것이다.

사람의 앎이란 약소한 것이다. 그러나 비록 약소하긴 하지만, 지식으로 알 수 없는 것을 믿은 후에야 천도의 함축된 뜻을 알 수 있는 것이다.

(『장자』 잡편 24장 〈서무귀〉)

지식으로 아는 사람이 알 수 없는 미지의 것을 본다면, 이는 마치 사팔뜨기가 보는 것과 같아서 온전할 수가 없다.

(『장자』 잡편 제23장 〈경상초〉)

제**33**장 자기를 아는 것

남을 아는 것을 지혜智라 하지만, 자기를 아는 것은 밝음明이라고 한다. 남을 이기는 것은 힘이 있다고 하지만, 자기를 이기는 것은 강하다고 한다. 스스로 만족할 줄 아는 자를 부자라 하고, 자기를 이기는 강함으로 행동하는 자를 뜻志을 얻었다고 한다. 근원의 바탕을 잃지 않는 자는 영속할 수 있으니, 설사 죽더라도 그 바탕만 잃지 않는다면 그것이 바로 장수하는 것이다.

1. 부유함과 빈곤함

원헌原憲이 노나라에 있을 때 사방 한칸의 작은 집에서 살았다. 그 집은 지붕은 잡초로 이었으며, 쑥대로 만든 문은 완전치가 못했으며, 뽕나무로 지도리를 만들었다. 게다가 깨진 항아리로 창문을 낸 방이 둘이 있으나, 다 떨어진 헝겊으로 가리고 있었다. 천장은 비가 새고 바닥은 축축했지만, 원헌은 그 속에서 편안히 앉아 거문고를 타고 있었다.

어느 날 자공子貢이 큰수레를 타고 왔는데, 수레 안은 감색으로 꾸미고 수레의 겉은 흰색이었다. 그러나 수레가 너무 커서 골목으로 들어올 수 없었기 때문에 자공은 직접 걸어서 원헌을 찾아뵈었다. 원헌은 가죽나무 껍질로 만든 갓을 쓰고, 뒤꿈치가 떨어진 신발을 신고 명아주 지팡이를 짚고서 문 밖까지 마중나왔다. 자공이 물었다.

「아! 선생님은 어째서 이토록 병이 들었습니까?」

원헌이 대답했다.

「내 듣건대, 재산이 없는 것을 가난하다고 하고, 배웠는데도 행하지 못하는 것을 병이라고 합디다. 지금 난 가난한 것이지 병이 아닙니다.」

자공은 머뭇거리면서 무안해 했다. 그러자 원헌이 웃으면서 말했다.

「세상에 영합하면서 행동하고, 친한 자와 붕당을 지어서 사귀고, 남에게 내세우기 위해 학문을 하고, 자기자신을 위해 남을 가르치고, 인의를 빙자해 나쁜짓을 하고, 수레나 말을 장식하는 짓을 나는 차마 못하겠습니다.」

(『장자』 잡편 제28장 〈양왕〉)-
만족할 줄 아는 인간은 재물로 인해 자신을 괴롭히지 않는다.

요 임금이 화華 지방에 순행했을 때, 그 지방의 국경을 지키는 사람이 요 임금에게 말했다.

「오, 성인이여! 바라건대 성인의 장수를 위해 축복을 드리고 싶습니다.」
「그만두게나.」
「그러면 성인의 부富를 위해 빌고 싶습니다.」
「그만두게나.」
「그러면 성인께서 많은 아들을 얻도록 빌고 싶습니다.」
「그만두게나.」

그러자 국경을 지키는 그 사람이 물었다.

「장수와 부富와 많은 아들은 사람이면 누구나 다 바라는 것인데, 당신 만은 바라질 않으니 무슨 까닭입니까?」
「아들이 많으면 걱정이 많고, 부자가 되면 일이 많고, 장수하면 오욕이 많은 법이오. 말하자면 이 세가지는 덕을 기르는 것이 아니오. 그래서 사양하는 것이오.」
「처음에 나는 당신을 성인이라고 생각했지만, 지금보니 군자에 불과하 군요. 무릇 하늘이 만백성을 낼 때는 반드시 직분을 주기 마련이오. 아들이 많더라도 직분을 주면 무슨 걱정이 있을 것이며, 부유하더라도 남과 나눈다면 무슨 일이 있겠습니까?
대체로 성인은 메추라기처럼 거처가 일정치 않고 새 새끼처럼 주어진 대로 먹으며, 그 행적도 새가 날듯이 자취를 남기지 않습니다. 따라서 천하에 도가 있으면 만물과 더불어 함께 번성하고, 천하에 도가 없으면 덕을 닦으면서 한가롭게 지냅니다. 이렇게 천년을 살다가 세상이 싫어 지면 세상을 버리고 선계仙界에 들어가니, 저 흰구름을 타고가서 천제 天帝의 고장에 다다릅니다. 그곳에선 세가지 근심도 이를 수 없고 몸에 도 재앙이 없을터인데, 무슨 오욕이 있겠습니까?」

말을 마친 뒤 국경을 지키는 사람이 떠나가자, 요 임금은 그를 따라가 면서 말했다.

「잠깐 묻겠습니다.」

국경을 지키는 사람이 말했다.

「그만 물러가시오.」

(『장자』 외편 제12장 〈천지〉)

2. 해골

장자가 초나라로 가다가 텅 빈 해골을 발견했다. 바싹 마른 것이 형태만 남아 있었다. 장자는 말채찍으로 해골을 때리면서 물었다.

> 「그대는 삶을 탐내다 도리를 잃어서 이렇게 되었는가? 혹은 나라를 망쳐서 처형을 받아 이렇게 되었는가? 혹은 나쁜 짓을 하다가 추악한 이름을 부모나 처자에게 남길까 두려워 자살이라도 해서 이렇게 되었는가? 혹은 헐벗고 굶주리다가 이 지경이 되었는가? 혹은 타고난 수명을 다 살았기 때문에 이렇게 되었는가?」

이렇게 말을 마친 뒤, 장자는 해골을 당겨서 베고 누웠다. 한밤중에 그 해골이 꿈에 나타나서 말했다.

> 「그대가 한 말은 마치 변사辯士와 같았네. 그러나 그대가 한 말들은 살아있는 사람의 허물이지 죽은 사람에겐 그런 것이 없네. 그대는 죽음에 관한 이야기를 듣고 싶은가?」
> 「그렇소.」
> 「죽음의 세계에는 위로는 임금도 없고 아래로는 신하도 없으며, 아울러 사계절의 변화도 없네. 죽음의 세계에서는 그저 조용히 천지와 더불어 수명을 같이할 뿐이지. 비록 왕이 누리는 즐거움이라도 이를 넘어서진 못하고 있네.」

그러나 장자는 그 말을 믿지 않고 말했다.

「내가 생명을 관장하는 신에게 그대의 형체를 다시 재생토록 하여 그
대의 뼈와 살과 피부를 만들어서 부모나 처자, 고향의 벗들에게 되돌아
갈 수 있도록 한다면, 그대는 그렇게 하겠는가?」

해골은 눈썹을 깊이 찡그리면서 말했다.

「내 어찌 이곳에서 누리는 제왕의 즐거움을 버리고 다시 인간의 괴로
움을 겪겠는가?」

(『장자』 외편 제18장 〈지락〉)

3. 장자의 아내가 죽다

장자의 아내가 죽자 혜자惠子가 문상을 갔다. 마침 장자는 두 다리를
뻗고 앉아서 그릇을 두둘기며 노래를 부르고 있었다. 혜자가 말했다.

「그대는 평생 아내와 함께 자식을 키우면서 늙어왔네. 아내가 죽었을
때 곡哭을 하지 않은 건 그럴 수도 있겠지만, 그릇을 두드리며 노래까
지 부른다는 건 너무 심하지 않은가?」

장자가 말했다.

「그렇지 않네. 아내가 처음 죽었을 때 나라고 어찌 슬프지 않았겠는가?
그러나 그 시초를 살펴보니 원래 생生이란 게 없었네. 비단 생生이 없
었을 뿐 만 아니라 원래 형상도 없었던 것이며, 비단 형상이 없었을
뿐 만 아니라 원래 기운도 없었던 것일세. 그저 흐릿하고 유현한 가운
데 섞여 있다가 변해서 기운이 있었고, 기운이 변해서 형상이 있었고,
형상이 변해서 생生이 있었던 것일세. 이제 다시 변해서 죽음으로 갔으

니, 이는 봄, 여름, 가을, 겨울 사계절이 번갈아 운행하는 것과 같은 것이지. 아내는 지금 천지라는 거대한 방에 편안히 누워 있소. 그런데도 내가 큰소리로 꺽꺽 따라 운다면, 내 스스로 자연의 운명을 모르는 것이라 생각되기 때문에 울기를 그친 것일세.」

(『장자』 외편 제18장 〈지락〉)

4. 장자의 죽음

장자의 죽음이 임박하자, 제자들은 그를 성대히 장사지내려고 했다. 장자가 그들에게 말했다.

「나는 천지를 관으로 삼고, 해와 달을 한쌍의 옥玉으로 삼고, 별들을 장례에 쓰는 구슬로 삼고, 만물을 장례에 쓰이는 도구로 삼고 있으니, 내 장례식을 치르는데 도대체 무엇이 부족하단 말인가? 여기에다 더 무엇을 보탠단 말인가?」

제자가 말했다.

「우리들은 까마귀나 솔개가 선생님의 시신을 파먹을까 걱정입니다.」
「땅 위에 있으면 까마귀나 솔개의 밥이 되고, 땅 밑에 있으면 땅강아지나 개미의 밥이 된다. 따라서 솔개나 까마귀의 밥을 빼앗아서 땅강아지나 개미에게 준다는 것도 어찌 편벽된 일이 아니겠는가?」

(『장자』 잡편 제32장 〈열어구〉)

5. 노자의 죽음

노담이 죽었을 때 진일秦失이 문상을 갔는데, 세 번 곡을 하고는 나와

버렸다. 그러자 제자가 진일에게 물었다.

「돌아가신 분은 선생님의 벗이 아닙니까?」
「그렇네.」
「그렇다면 문상을 그렇게 해도 됩니까?」
「그렇다네. 나도 처음엔 그를 인물人物이라고 여겼는데 지금 보니 아니구만. 아까 내가 들어가서 문상을 하는데, 늙은이는 자기 자식을 잃은 듯이 울고 젊은이는 자기 어머니를 잃은 듯이 울고 있었네. 이같은 사람들이 모이게 된 까닭은 그가 사람들에게 칭찬이나 곡을 해달라고 반드시 요구는 안했을지라도 그렇게 하도록 영향을 미쳤기 때문이지. 이는 천도와 자연의 진실을 배반하고 타고난 본분을 잊어버린 것이니, 예로부터 이것을 둔천遁天(천도를 벗어남)의 형벌이라고 했네.
그대의 스승이 이 세상에 온 것은 때를 만났기 때문이며, 그가 세상을 떠난 것도 운명에 따른 것이다. 어느 때이든 편안히 머물면서 운명에 따른다면 슬픔과 즐거움이 파고들 수 없는 것이니, 예로부터 이것을 '하늘의 속박에서 풀려남'이라고 했다네.」

(『장자』 내편 제3장 〈양생주〉)

6. 네 명의 벗이 삶과 죽음을 얘기하다

자사子祀, 자여子輿, 자려子黎, 자래子來 네 사람이 서로 얘기를 하고 있었다.

「누가 무無를 머리로 삼고 생生을 등골로 여기며 죽음을 엉덩이로 삼을 수 있을까? 어느 누가 삶과 죽음, 있음과 없음이 일체라는 걸 알 수 있을까? 내 그런 사람과 벗하고 싶구나.」

네 삶은 서로 쳐다보면서 웃었다. 마음에 전혀 거슬림이 없자 서로 의기투합해서 벗이 되었다.

갑자기 자여가 병이 들자 자사가 문병을 하러 갔다. 자여가 말했다.

「위대하구나, 조물주여! 내 몸을 이처럼 곱사등이로 만들어 버리다니.」

그의 굽은 등은 불쑥 튀어나왔고, 오장五藏은 위로 갔으며, 턱은 배꼽에 가려질 정도이고, 어깨는 정수리보다 높고, 목덜미는 하늘을 가리키고 있으니, 이는 음양의 기운이 흐트러진 것이다. 그러나 마음만은 한가로와 아무 일이 없었다. 자여는 비틀거리는 걸음으로 우물로 가서 자신의 모습을 비춰 보며 말했다.

「아! 저 조물주가 내 몸을 곱사등이로 만들려고 하는군.」

자사가 물었다.

「자네는 그렇게 되는 것이 싫은가?」
「아닐세. 내가 어찌 싫어하겠는가? 내 병이 점점 심해져서 내 왼팔을 변화시켜 닭으로 만든다면, 나는 그 팔로 새벽을 알리기를 바라겠네. 또 병이 더 심해져서 내 오른팔이 변화하여 활이 된다면, 나는 그 팔로 새구이를 구하겠네. 또 내 병이 점점 심해져서 내 엉덩이가 변화하여 수레바퀴가 되고 내 정신이 말이 된다면, 나는 그대로 타고다닐 뿐이니 어찌 다시 탈 것을 구하겠는가?
무릇 세상에 몸이 태어나는 것은 때를 얻은 것이며, 그 몸을 잃고서 세상을 떠나는 것은 운명에 따르는 것이네. 삶의 때를 얻어서 편안히 머물고 죽음에 처해도 운명에 따른다면, 슬픔이나 즐거움이 파고들 수가 없는 걸세. 이것을 예로부터 '속박에서 풀려남'懸解이라고 부르고 있지. 다만 스스로 속박에서 벗어나질 못하는 것은 사물에 얽매어 있기 때문이라네. 저 사물이 천도를 이기지 못한지 오래이니, 내 어찌 병든 몸을 싫어하겠는가?」

이번에는 자래子來가 병이 났는데, 숨이 차서 헐떡거리는 것이 곧 죽을

것 같았다. 아내와 자식들은 그를 둘러싸고 울고 있는데, 자려가 문병을
와서 말했다.

「에잇, 저리 비키시오! 죽어가는 사람을 놀라게 하지 마시오.」

가족들이 물러가자 자려는 문가에 기대서서 자래에게 말했다.

「위대하구나, 우주의 조화는! 장차 그대를 무엇으로 만들려하고 어디
로 데려가려는 것일까? 그대를 쥐의 간으로 만들려는 것일까, 아니면
벌레의 팔로 만드려는 것일까?」

자래가 대답했다.

「부모가 명을 내리면 자식은 동서남북을 가리지 않고 그 명에 따른다
네. 하물며 음양의 기운이 사람을 따르게 하는 것이 어찌 부모만 못하
겠는가? 자연의 조화인 음양의 기운이 나를 죽음에 다가가게 하는데
내가 그 명령을 듣지 않는다면, 그건 나만 볼썽사나울 뿐이지 자연의
조화인 음양의 기운에 무슨 허물이 있겠는가?
천지는 내게 형체를 주었으며, 생生으로써 나를 수고롭게 하고 늙음으
로 나를 편안케 하고 죽음으로 나를 쉬게 하네. 그러므로 내 삶을 잘
영위하는 것은 바로 내 죽음을 잘 영위하는 것일세.
지금 훌륭한 대장장이가 무쇠를 달구는데, 그 쇠가 펄쩍 뛰면서 '나는
반드시 막야鎭鄒가 되겠다'고 한다면, 대장장이는 필경 불길한 무쇠라
고 생각할 것이네. 마찬가지로 지금 내가 한번 사람의 형상으로 태어났
다고 해서 '난 사람이어야 해! 난 사람이어야 해!'라고 한다면, 저 우주
의 조화도 반드시 나를 상서롭지 못한 사람으로 여길 것이네. 따라서
지금 내가 한결같이 천지를 커다란 용광로로 여기고 우주의 조화를 훌
륭한 대장장이라고 생각한다면, 죽은 뒤 어디로 간들 무슨 상관이 있겠
는가? 죽음으로 편안히 잠들었다가 생生으로 퍼뜩 깨어나는 것에 불과
하네.」

(『장자』 내편 제6장 〈대종사〉)

7. 세 친구가 삶과 죽음을 논하다

자상호子桑戶, 맹자반孟子反, 자금장子琴張 세 사람이 서로 얘기를 하고 있었다.

「누가 서로 사귀지 않는 가운데서 사귈 수 있으며, 서로 위하지 않는 가운데서 위할 수 있을까? 누가 하늘에 올라가 안개 속에 노닐고 무극無極에 뛰놀면서 서로 삶도 잊은 채 무궁한 경지로 들어갈 수 있을까?」

세 사람은 서로 쳐다보고 웃으면서 마음에 거스름이 없자, 마침내 서로 친구가 되었다.

한동안 별 일이 없다가 어느 날 자상호가 죽었다. 아직 장례를 치르기 전에 공자가 이 소식을 듣고는 자공을 보내 장례를 돕도록 했다. 자공이 상가를 찾아가보니, 맹자반과 자금강은 악곡을 엮고 거문고를 타면서 서로 화음을 맞춰 노래하고 있었다.

「아. 상호여!
아, 상호여!
그대는 이미 참 세계로 갔지만
우린 여전히 사람으로 있구나.」

노래를 들은 자공이 달려가서 물었다.

「감히 묻건대, 시체를 앞에 두고 노래하는 것이 예禮입니까?」

맹자반과 자금강은 서로 바라보면서 웃었다.

「그대가 어찌 예의 뜻을 알겠는가?」

자공이 돌아와서 공자에게 보고했다.

「저들은 어떤 사람입니까? 예의를 닦은 행실도 없고 자기의 몸도 도외
시한 채 시체를 앞에 두고 노래를 부르는데도 낯빛 한번 바꾸지 않으니
뭐라해야 할지 모르겠습니다. 저들은 어떤 사람입니까?」

공자가 대답했다.

「그들은 세상 밖에서 노니는 사람들이고, 난 세상 안에서 노니는 사람
이다. 세상 밖과 세상 안은 서로 관련이 없는데도 내가 너를 보내 문상
케했으니, 나야말로 생각이 모자랐구나.
그들은 저 조물주와 벗이 되서 천지의 한 기운 속에서 노닐고 있다.
그들은 삶을 사마귀나 혹이 붙어있는 것처럼 생각하고, 죽음을 부스럼
이나 종기가 터져버린 것처럼 생각한다. 이런 인물들이 어찌 삶과 죽음
중에서 어느 것이 먼저고 어느 것이 나중인지를 알겠는가? 그들은 이
런저런 사물을 빌어다가 하나의 동일한 몸을 만들었다고 생각한다. 그
래서 자신의 간이나 쓸개도 잊고 눈과 귀도 망각한 채 처음과 끝을 반
복하면서도 그 발단과 종착역을 알지 못하니, 그저 멍하니 속세 밖으로
방황하고 무위의 세계에서 노닐 뿐이다. 이런 사람들이 어찌 번거로운
세속의 예의를 행해서 사람들의 이목에 뜨이게 하겠느냐?」

자공이 물었다.

「그렇다면 선생님께선 어느 쪽에 의거하고 계십니까?」
「나는 하늘의 벌을 받고 있는 사람이다. 그렇더라도 나는 자네와 함께
세상을 벗어난 도로 나가고 싶다.」
「감히 그 방법을 묻겠습니다.」
「물고기는 끼리끼리 물로 나아가고, 사람은 서로서로 도로 나아간다.
물로 나아가서 사는 물고기들은 못을 파주면 영양을 공급받고, 도로
나아가서 사는 사람들은 일이 없어져야 삶이 편안하다. 이 때문에 '물
고기는 강과 호수에서 서로를 잊고, 사람은 도에서 서로를 잊는다'고

말한 것이다.」

자공이 다시 물었다.

「기인奇人이란 어떤 사람입니까?」
「기인이란 보통 사람과는 다르지만 천도에 합일한 사람이다. 그래서 '하늘이 볼 때 소인인 사람이 인간이 볼 때는 군자요, 인간이 볼 때 군자인 사람이 하늘이 볼 때는 소인이다'라는 말이 있는 것이다.」

(『장자』 내편 제6장 〈대종사〉)

제34장 대도는 흐른다

대도는 물처럼 흐르면서 왼쪽이든 오른쪽이든 가리지 않고 어디나 이른다. 만물은 이 도의 흐름에 의지해 생장하지만 도는 간섭하지 않으며, 그 공功이 이루어져도 그 공에 머물지 않는다. 즉 도는 만물을 양육하지만 주재하지는 않는 것이다.

도는 항상 욕심이 없으니 극히 작다고도 할 수 있으며, 만물이 귀의하는데도 주재하지 않으니 크다고도 할 수 있다. 그러나 스스로는 결코 크다고 여기지 않으니, 이 때문에 위대함을 성취할 수 있는 것이다.

1. 도는 어디에나 있다

동곽자東郭子가 장자에게 물었다.

「이른바 도는 어디에 있습니까?」

장자가 대답했다.

「존재하지 않는 곳이 없다.」
「구체적으로 어디에 있는지 말해주시오.」
「땅강아지나 개미에게도 있다.」
「어째서 그렇게 보잘 것 없는 것을 예로 드나요.」
「기장이나 피에게도 있다.」
「더욱 보잘 것 없는 쪽으로 가는군요.」
「기와나 벽돌에도 있다.」
「어째서 그렇게 심한 쪽으로만 가십니까?」
「똥이나 오줌 속에도 있다.」

동곽자는 더 이상 대꾸하지 않았다. 그러자 장자가 그에게 말했다.

「그대의 질문은 진실로 본질에는 미치지 못한 것이다. 예컨대 시장을
관리하는 사람이 시장 감독자에게 돼지의 살찐 정도를 물었을 때, 항상
다리나 꼬리같은 보잘 것 없는 부분으로 갈수록 다른 부분의 살찐 정도
를 보다 확실히 알 수 있는 것이다. 그러니 그대는 똥오줌 속에는 도가
없다는 식의 고정관념을 고집해선 안되며, 실제로 천지 간에 도를 떠나
존재하는 것은 아무 것도 없다. 지극한 도가 이와 같으니, 위대한 말도
역시 마찬가지인 것이다.

(『장자』 외편 제22장 〈지북유〉)

2. 도를 벗어나서 존재하는 것은 없다

도는 크다고 하면 무궁무진해서 형용할 수가 없으며, 작다고 하면 이보다 작은 것이 없기 때문에 만물이 이로 말미암아 생성하는 것이다. 도의 광대함은 만물을 포용할 수 있으니, 마치 깊은 바다와 같아서 그 깊이를 헤아릴 수가 없다.

천지사방의 우주가 비록 비할 바 없이 크긴하지만 대도를 떠나서 홀로 존재할 수는 없는 것이며, 가을 짐승의 터럭처럼 극히 작더라도 이 도에 의지해야만 스스로 형체를 이룰 수 있는 것이다.

(『장자』 외편 제22장 〈지북유〉)

제35장 도는 아무 맛이 없지만

대도를 지킬 수 있다면 천하 사람들이 귀의한다. 그렇게되면 남들을 해치지 않을 뿐만아니라 천하가 태평스러워질 수 있다. 듣기 좋은 음악이나 입에 맞는 맛있는 음식은 지나가는 손님을 잠시동안 끌어들여 머물게 할 수는 있지만, 오랫동안 붙잡아 둘 수는 없다. 그러나 도의 출현은 비록 담박하여 아무런 맛이 없긴 하지만, 보아도 보이지 않고 들어도 들리지 않아서 아무리 써도 고갈되지 않는다.

1. 자연의 대도로 복귀하라

열자列子가 관윤關尹에게 물었다.

「지극한 덕을 가진 사람은 물 속을 다녀도 질식하지 않고, 불 위를 밟아도 뜨거워하지 않으며, 만물 위로 고공비행을 해도 두려워하지 않는다고 하는데, 어째서 그런 것인지 가르쳐 주십시오.」

관윤이 대답했다.

「그것은 순수한 기운을 지켰기 때문이지, 지식이나 기교나 과감성으로되는 것은 아니다. 앉게나, 내 그대에게 말해주리라. 무릇 모습이나 형상, 소리, 빛깔이 있는 것은 모두 사물이다. 이미 사물이라면 서로간에 큰 차이가 있는 것도 아니니, 어찌 한 사물이 다른 사물을 앞설 수가 있겠는가? 그것은 다만 빛깔이나 소리일 뿐이다. 그러나 빛깔이나 소리가 없는 형상화되지도 않고 변화조차 없는 경계가 있으니, 이 대도를 얻어서 통달한 사람은 외적 사물의 방해를 받지 않는다...
무릇 술에 취해 수레에서 떨어진 자는 다치기는 해도 죽지는 않는다. 뼈마디나 관절이 다른 사람과 같은데도 다친 상태가 다른 것은 그 정신이 온전하기 때문이다. 수레를 타는 줄도 모르고 수레에서 떨어지는 줄도 몰라서 죽음과 삶의 두려움이 그의 가슴 속으로 파고들 수가 없으니, 이 때문에 사물에 부딪쳐도 두려움이 없는 것이다. 그는 술에 취한 상태에서도 정신의 온전함이 이와같거늘, 하물며 자연의 천도로부터 온전함을 얻은 자야 말해 무엇하겠는가!
성인은 천도에다 갈무리하기 때문에 사물이 해칠 수가 없는 것이다. 예컨대 복수를 하려는 사람도 원수가 쥐고 있는 막야(막야)나 간장干將39)같은 천하명검은 밉다고 부러뜨리지 않는 것이며, 성질이 사나운

---

39) 오(吳) 나라의 장인 간장(干將)이 왕을 위해 한 쌍의 검을 만들었는데, 웅검(雄劍)은 간장이라 이름붙이고 자검(雌劍)은 아내의 이름을 따서 막야라 했다.

자라도 지붕에서 저절로 떨어지는 기왓장은 미워하지 않는 법이다. 이처럼 사람들의 마음이 무심하면 천하가 태평해지기 때문에 전쟁도 없고 살륙이나 형벌도 없을 것이니, 이는 바로 이 자연의 대도로부터 나오는 것이다.

인위적인 지혜를 써서 성품을 개발하지 말고 자연의 도에 순응함으로써 천성을 개발하라. 천도를 따라 성품을 개발하는 자에겐 덕이 생기지만, 인위적인 지혜를 개발하는 자는 삶을 해칠 뿐이다. 만약 자연의 천도를 싫어하지 않고 인위를 쓰지 않는다면, 사람들을 대부분 자연의 대도로 복귀할 것이다.」

(『장자』 외편 제19장 〈달생〉)

2. 고요함으로 지혜를 기른다

옛날 도를 배우던 사람은 고요함으로써 지혜를 길렀다. 그리고 지혜가 있더라도 쓰지 않았으니, 이를 지혜로써 고요함을 기른다고 한다. 이처럼 지혜와 고요함이 서로 교대로 기르기 때문에 조화와 순응의 큰 덕이 자연히 본성으로부터 흘러나오는 것이다.

(『장자』 외편 제16장 〈선성〉)

3. 도의 쓰임은 다함이 없다

물을 부어도 가득차지 않고 물을 퍼내도 마르지 않지만, 그 원천이 어디인지는 알 수 없으니, 이를 보광葆光이라 부른다.

(『장자』 내편 제2장 〈제물론〉)

제36장 사물은 극에 이르면 복귀한다

사물이 극에 이르면 복귀하기 마련이다. 따라서 장차 움추리려고 하면 반드시 먼저 펴게해야 하고, 장차 약하고자 하면 반드시 먼저 강해지도록 하고, 장차 폐기하고자 한다면 반드시 먼저 일으켜 세워주고, 장차 획득하고자 한다면 반드시 먼저 주어야 하니, 이를 미명微明 즉 미묘한 광명이라고 한다.

이처럼 부드럽고 약한 것은 강하고 억센 것을 이기기 마련이다.

깊은 연못은 물고기가 생존하는 근본이니 물고기는 깊은 물에서 벗어날 수 없다. 만약 물에서 벗어난다면 반드시 죽게 마련이다. 권력의 계책은 나라를 다스리는 날카로운 도구이니 함부로 백성들을 현혹시켜서는 안된다. 만약 현혹시킨다면 스스로 화禍를 불러들여 나라도 망하고 자신도 망할 것이다.

1. 도는 '하나'이면서 어디에나 통한다

북해약北海若이 하백에게 말했다.

「입 다물고 가만히 있게나, 하백이여. 그대가 어찌 귀천의 차별이 나오는 문과 크고 작음의 차이가 나오는 터전을 알겠는가?」

하백河伯이 대답했다.

「그렇다면 나는 무엇을 하고 무엇을 하지 말아야 할까요? 도대체 어떻게 취사선택을 하고 어떻게 나아가고 물러서야 할까요?」
「도의 입장에서 본다면 어찌 귀하고 천함이 있겠는가? 귀하고 천함은 본래 순환하는 것이니, 이를 반연反衍(시초로 복귀함)이라 하네. 따라서 귀천의 차별로 그대의 뜻을 구속하지 말지니, 만약 그렇게 한다면 대도와는 크게 어긋날 것이네. 또 도의 입장에서 본다면 무엇을 많다 하고 무엇을 적다 하겠는가? 많고 적음의 구별이 전혀 없는 이 상태를 사시謝施라고 부른다. 많고 적음을 차별함으로써 그대의 행동을 한쪽에 치우치게 하지는 말게나. 만약 그렇게 한다면 도와 어긋날 것이네. 또 나라의 임금이 엄격한 정직성으로 백성에게 사사로운 은혜를 베풀지 않는 것처럼 하고, 제사의 공물을 받는 사당社堂의 신神이 스스로 유유자적해서 사사로이 복을 내리지 않는 것처럼 하고, 사방의 무궁無窮함이 드넓게 트여서 어떤 한계도 없는 듯 해서 천지의 만물을 두루 포용할 뿐 어느 한쪽에만 치우치지는 않네.」

(『장자』 외편 제22장 〈추수〉)

도는 비록 가득찬 충일함과 텅빈 공허에 의탁하더라도 그 스스로는 충일하거나 공허하지 않으며, 비록 쇠퇴와 부패에 의탁하더라도 그 스스로는 쇠퇴하거나 부패하지 않는다. 또 때에 따라 시초와 종말의 상태에 처하긴 해도 그 스스로는 시초와 종말이 아니며, 사물의 형성과 소멸에 처할지라도 그 스스로는 형성되지도 않고 소멸하지도 않는다.

(『장자』 외편 제22장 〈지북유〉)

　도는 본래 통하면서 하나가 되는 것이다. 이른바 성취된 것은 무너지기 마련이고 무너진 것은 다시 성취되기 마련이라고 하지만, 만물은 본래 성취도 없고 무너짐도 없어서 서로 통하여 하나가 된다.

(『장자』 내편 제2장 〈제물론〉)

2. 도덕의 고향으로 돌아가라

　장자가 말했다.

> 「만물의 실제 정황情況과 인류의 변화는 그렇지가 못하다. 대체로 세간의 일이란 모이면 흩어지기 마련이고, 성공을 하면 실패도 있기 마련이고, 청렴하면 피해를 받기 마련이고, 높은 지위에 있으면 비방을 받기 마련이고, 인위적인 일을 하면 무너지기 마련이고, 현명하면 모략의 피해를 받기 마련이고, 현명치 못하면 속임을 당하기 마련이니, 세상의 그 무엇인들 영원히 좋겠는가? 슬프도다! 제자여, 명심하거라. 세상에 처해서 허물을 받지 않으려면, 오직 도덕의 고향으로 귀향하는 것만이 있다는 것을!」

(『장자』 외편 제20장 〈산목〉)

3. 실패와 성공

　사람의 일이 실패하는데는 여덟 가지 징조가 있고, 성공하는데는 세가지 증후가 있으며, 사람의 몸에는 여섯 가지 부腑가 있다. 아름다운 용모,

제4편 역량力量의 근원　161

긴 수염, 큰 키, 강대함, 건장함, 수려함, 용맹함, 과감함의 여덟 가지 특성은 모두 남보다 뛰어나기 때문에 그로 말미암아 실패의 곤경으로 들어서는 것이다. 남의 말을 잘 따르고, 머리를 숙여 남에게 굴종하고, 겁이 많아 나약한 이 세가지는 남보다 못한 행동이지만, 이로 말미암아 오히려 성공과 통하는 길이 되는 것이다.

(『장자』 잡편 제32장 〈열어구〉)

제37장 천하는 스스로 정해져 있다

도는 영원히 자연에 따르면서 생기지도 사라지지도 않는다. 그래서 항상 어떤 작위도 없지만, 만물은 이 도로 말미암아 생기고 이 도에 의지해 생장하기 때문에 실제로는 오히려 이루어지지 않는 일이 없는 것이다. 군주가 만약 이 무위의 도를 지킬 수만 있다면, 만물은 저마다 자기 성품을 따라서 스스로 발생해서 성장한다. 그러나 만물은 이렇게 성장하면서 욕심을 일으키기 때문에 나는 이 욕심을 '아무런 명칭도 없는 무위자연의 소박함'無名之朴으로 극복하려고 한다. 그렇게되면 일단 욕심이 없어지고, 욕심이 없어져 고요해지면 천하도 자연히 안정된다.

1. 무위의 고요함

천도는 운행하면서 멈추거나 쉬는 일이 없기 때문에 만물이 이로부터 이루어지고, 제왕의 도 역시 운행하면서 멈추거나 쉬는 일이 없기 때문에 천하의 인심이 제왕에게 돌아오고, 성인의 도도 운행하면서 멈추거나 쉬는 일이 없기 때문에 사해四海가 복종하는 것이다. 천도에 밝고 성인의 도에 통하고 제왕의 덕에 두루 통달한 사람은 그 스스로의 행위가 그윽해서 항상 고요하다.

성인의 고요함은 고요함이 좋다고 말해서 고요한 것이 아니라, 만물이 그의 마음을 전혀 어지럽히지 못하기 때문에 고요한 것이다. 물이 고요하면 수염이나 눈썹을 비칠 정도로 밝고, 또 평평함은 물의 높이를 재는 수준기水準器에도 꼭 들어맞아서 위대한 장인도 이를 본보기로 삼았다. 물의 고요함조차도 이렇게 밝은데, 하물며 성인의 마음이 고요한 것이야 더 말할 나위가 있겠는가? 성인의 마음은 천지의 정묘함을 비춰주는 거울이자 만물의 오묘함을 비춰주는 거울인 것이다.

텅 빈 고요함虛靜, 담박한 편안함恬淡, 적막寂寞함, 무위無爲라는 것은 천지의 기준이자 도덕의 지극한 경계이니, 이 때문에 고대의 제왕이나 성인도 그 경지에서 쉬는 것이다. 이 경지에서 쉬면 마음이 비워지고, 마음이 비워지면 내용이 충실해지고, 내용이 충실해지면 질서가 있다. 또 마음이 비워지면 고요해지고, 고요해지면 움직이고, 움직이면 잘 되어 간다. 또 마음이 고요하면 작위가 없고, 작위가 없으면 일을 맡아도 책임을 질 수 있다. 또 작위가 없으면 스스로 기꺼웁고, 스스로 기꺼우면 어떤 걱정도 깃들 수 없고 수명도 길어진다.

앞서 말한 텅빈 고요함, 담박한 편안함, 적막함, 무위라는 것은 만물의 근본이다. 이것을 밝혀 남면南面40)을 함으로써 요堯는 임금 노릇을 한 것이고, 이것을 밝혀 북면北面을 함으로써 순舜은 신하 노릇을 한 것이다. 이것을 가지고 위에 처한 것이 제왕과 천자의 덕이며, 이것을 가지고 아래에 처한 것이 현성玄聖과 소왕素王⁴¹⁾의 도이다. 또 이것을 가지고 속세를 떠나 한가로이 유유자적하면 강과 바다, 산림의 선비들도 복종하고, 이것을 가지고 나아가서 세상을 다스리면 공적은 커지고 명성도 드러나서 천하가 하나로 된다. 따라서 고요하면 성자가 되고, 움직이면 왕이 되고, 작위가 없으면 존귀해지고, 소박하면 천하에서 그와 더불어 아름다움을 다툴 이가 없을 것이다.

무릇 천지의 덕에 밝은 사람을 소위 만물의 근본이요 천하의 대종大宗이라고 부른다. 이런 사람은 하늘과 더불어 조화를 이루어서 천하를 태평하게 할 수 있으며, 타인과도 조화를 이루어서 사람들을 화합하게 할 수 있다. 사람들과 조화를 이루는 것을 인락人樂(사람의 즐거움)이라 부르고, 하늘과 조화를 이루는 것을 천락天樂(하늘의 즐거움)이라 부른다.

장자는 "나의 스승이여! 나의 스승이여! 만물을 가루로 만들어도 난폭하지 않고, 은혜가 만대萬代까지 미쳐도 인仁하다 생각지 않고, 상고 시대보다 오래됐어도 장수한다고 여기지 않고, 하늘을 덮고 땅을 실어서 온갖 형상을 조각하면서도 교묘하다고 여기지 않는구나"라고 말했으니, 이를 '하늘의 즐거움'이라고 부르는 것이다.

이 때문에 옛말에도 "하늘의 즐거움을 아는 자는 살아서는 천도에 따라 행동하고 죽어서는 만물의 변화에 순응한다. 고요할 때는 음陰과 더불어 덕을 같이하고, 움직일 때는 양陽과 더불어 흐름을 같이 한다"고 한 것이다. 그러므로 '하늘의 즐거움'을 아는 자는 하늘의 원망도 받지

---

40) 제왕은 북쪽에서 남쪽을 향해 앉기 때문에 남면(南面)이라 하고, 신하는 반대로 북쪽을 향하기 때문에 북면(北面)이라 한다.
41) 유현한 덕을 가진 사람을 현성(玄聖)이라 하고, 왕이 될 수 있는 덕을 가졌으면서도 왕위에 있지 않은 사람을 소왕(素王)이라 한다.

않고, 사람의 비방도 받지 않고, 외적 사물의 구속도 받지 않고, 귀신의 책망도 받지 않는 것이다.

그래서 옛말에도 "그가 행동할 때는 마치 하늘의 운행과 같고, 그가 고요할 때는 마치 땅의 평정함과 같다. 그리하여 한 마음—心이 안정되면 천하의 왕 노릇을 하니, 그 때는 귀신도 빌미를 잡지 못하고 정신도 피로하질 않아서 한마음이 안정되어 천하만물이 복종한다. 말하자면 텅 빈 고요함을 천지에까지 밀고 나가 만물과도 통하는 것이니, 이를 '하늘의 즐거움'이라 한다. '하늘의 즐거움'이란 성인의 마음으로 천하를 기르는 것이다.

(『장자』 외편 제13장 〈천도〉)

2. 천하는 스스로 정해져 있다

천지가 비록 크긴 하지만 그 무위자연의 조화는 균등하고, 만물이 비록 무성하지만 그 다스리는 이치는 한결같으며, 백성들이 비록 많긴 하지만 이를 다스리는 자는 임금이다. 임금은 이 무위의 덕에 뿌리를 두고서 자연의 이치에 따라 백성을 다스리는 사람이니, 이 때문에 "옛날 천하의 임금이 된 사람은 인위적인 통치가 없었으니 오직 자연의 덕성에 따랐을 뿐이다"라고 한 것이다.

따라서 도의 입장에서 언론을 살피면 천하의 임금도 올바른 언론을 따르게 되고, 도의 입장에서 위아래의 분수를 살피면 임금과 신하의 의리도 분명해지고, 도의 입장에서 관리의 능력을 살피면 천하의 관료들도 잘 다스려지며, 도의 입장에서 만물을 보면 만물은 우리들의 요구에 상응하지 않음이 없다. 그러므로 천지에 통하는 것은 덕이며, 만물에서 행하는 것은 도이다.....

그러므로 옛말에도 "옛날 천하의 창생들을 양육한 사람은 욕심이 없었지만 그래도 천하는 풍족했으며, 인위적 작위가 없는데도 만물은 스스로 조화롭게 생성했으며, 고요히 침묵만 지키고 있어도 백성들은 안정되어 있었다"라고 한 것이다.

(『장자』 외편 제12장 〈천지〉)

제38장 타락

최상의 덕을 가진 사람은 사람을 대할 때 덕이 있으면서도 스스로는 덕이 있다고 여기지 않으니, 이 때문에 덕이 있는 것이다. 천박한 덕을 가진 사람은 사람을 대할 때 한 푼어치의 덕만 있어도 거기에 주저앉고마니, 이 때문에 도리어 덕이 없는 것이다. 최상의 덕을 가진 사람은 도와 일체라서 무슨 일이든 하는 바 없이 하며, 천박한 덕을 가진 사람은 무슨 일이든 하는 바 있는 인위로서 한다.

최상의 인仁을 가진 사람은 무슨 일을 하든 하는 바가 없이 하며, 최상의 의義를 가진 사람은 그 의義의 실천을 하는 바가 있는 인위로서 하며, 최상의 예禮를 가진 사람은 자기가 먼저 예를 행했는데도 응답이 없으면 억지로라도 팔을 당겨서 예를 지키게 한다.

이로 말미암아 살펴보면, 도를 잃고난 이후에 덕이 있는 것이며, 덕을 잃고난 이후에 인仁이 있는 것이며, 인仁을 잃고난 이후에 의義가 있는 것이며, 의義를 잃고난 이후에 예禮가 있는 것이다.

무릇 예라는 것은 충실함과 미더움이 부족함을 나타내는 것이니, 모든 환란이 이로부터 시작된다. 또 지혜로 미래를 알아채는 것은 도의 헛된 꽃이자 어리석음의 시초이다.

그러므로 대장부는 돈독한 도에 입각해서 충실함과 미더움을 중심으로 삼고 있지 인위적인 세속의 예 따위는 중시하지 않는다. 또 진실한 도를 지키는데 힘쓸 뿐 겉꾸미는 지혜 따윈 쓰지 않는다. 그 결과 도에 맞지 않는 외화내빈의 천박한 것들을 모두 없애고, 도에 일치하는 돈독하고 실질적인 것들을 취해서 쓴다.

1. 도의 타락

도는 말로써 얻어질 수 있는 것이 아니며, 덕도 스스로 덕이 있다고 칭한다고 해서 도달할 수 있는 것이 아니다. 또 세상의 인仁은 배양할 수 있는 것이며, 의義는 실행할만한 것이 아니며, 예는 작위적인 거짓을 꾸미는 것이다. 그러므로 "도를 잃고난 뒤에 덕이 출현하고, 덕을 잃고난 뒤에 인이 생기고, 인을 잃고난 뒤에 의가 나타났으며, 의를 잃고난 뒤에 예가 크게 일어났다"고 말한 것이다. 예란 바로 도의 타락이자 혼란의 시초인 것이다.

(『장자』 외편 제22장 〈지북유〉)

2. 정치의 극치

천도의 근본은 군주에게 있고 인도人道의 종착지는 신하에게 있다. 임금에게 필요한 것은 대강의 요체要諦이고 신하에게 필요한 것은 상세한 정황情況이다. 군대와 무기를 쓰는 것은 덕이 쇠퇴한 결과이며, 상을 주고 형벌을 시행하는 것은 교화의 말단이다. 예의와 법률 등의 제도를 채용하는 것은 백성을 다스리는 말단이고, 종이나 북의 선율과 깃털로 꾸민 깃발을 들고 춤추는 것은 음악의 말단이며, 장례 때 곡이나 흐느낌, 상복등의 등급은 슬픔의 말단이다.

이 다섯 가지 말단은 반드시 정신의 운행과 심술心術의 움직임이 있고 나서야 일어나는 것이다. 옛사람도 일찍이 이런 말단을 배우기는 했지만, 이런 것을 솔선해서 실행하지는 않았다……

대도를 말하면서 그 질서를 논하지 않으면 참된 도가 아니며, 대도를 말하면서 그 도에 의지해서 행하지 않는다면 도를 논해도 쓸데없는 것이다. 그러므로 옛날 대도에 밝았던 사람은 먼저 자연의 천도를 밝히고나서야 다시 도덕을 얘기했으며, 도덕이 명백해지고 나서야 다시 인의를 논했으며, 인의가 이미 밝혀지고 나서야 다시 지켜야할 분수를 구했고, 지켜야할 분수가 이미 밝혀지고 나서야 다시 명분에 대해 얘기했고, 명분이 이미 밝혀지고 나서야 다시 사람의 능력에 따라 직분을 맡겼으며, 능력에 따라 직분을 맡긴 것이 이미 밝혀지고 나서야 다시 세밀한 감찰을 얘기했으며, 세밀한 감찰을 밝히고 나서야 다시 시비를 판별했고, 시비가 이미 밝혀지고 나서야 다시 상벌을 논할 수 있었다.

상벌이 이미 밝혀졌다면, 어리석은 자와 지혜로운 자가 마땅한 자기 자리에 위치할 수 있고, 존귀한 자와 비천한 자도 제자리에 있을 수 있으며, 어진 자와 불초한 자도 저마다 자기 실정에 맞게 따를 것이다. 그래서 반드시 그 능력에 따라 나뉘어지고 반드시 명분에 따라 행동할 것이다. 그리하여 이것으로 윗사람을 섬기고, 이것으로 아랫 사람을 기르며, 이것으로 사물을 다스리고, 이것으로 몸을 수양함으로서 지모知謀를 쓰지 않고서도 반드시 천도로 복귀한다. 이를 일러 태평太平이라 하니, 정치의 극치인 것이다.

따라서 옛날의 책에도 "형상이 있으면 명칭이 있다"고 했듯이, 옛사람도 이 형상과 명칭에 대해 배우긴 했지만 솔선해서 사용하지 않았을 뿐이다.

옛날 대도를 말한 사람은 다섯번을 바뀌고나서야 형상과 명칭을 말했고, 아홉번 바뀌고나서야 상벌을 말했다. 처음부터 갑자기 형상과 명칭을 말한다면 이는 그 근본을 모르는 것이며, 갑자기 상벌을 말하는 것은 그 시초를 모르는 것이다. 이처럼 도를 거꾸로 말하거나 도를 거슬러서 설하는 것은 남의 지배를 받을 뿐이니 어찌 남을 다스릴 수 있겠는가? 또 갑자기 형상과 명칭, 상과 벌을 말하는 것은 정치의 도구는 안다고 하겠지만 정치의 도는 모르는 것이니, 천하인의 부림은 당할지언정 천하인을 부릴 수는 없는 것이다.

(『장자』 외편 제13장 〈천도〉)

3. 공자의 가르침은 왜 천하를 혼란에 빠트리는가?

시각의 밝음을 편애하면 색채에 빠지게 되고, 청각의 밝음을 편애하면 소리에 탐닉하게 되고, 인仁을 편애하면 덕을 어지럽히고, 의義를 편애하면 도리에 어긋나고, 예禮를 편애하면 기교만을 조장하고, 즐거운 음악에만 빠지면 음탕함을 조장하고, 성聖을 편애하면 속된 기예만을 조장하고, 지식을 편애하면 옳고 그름의 병폐를 불러들인다.

가령 천하의 백성들이 저마다 본성을 지킨다면, 이 여덟 가지 폐단은 있어도 되고 없어도 된다. 그러나 온천하의 백성이 각기 그 본성을 지키지 못한다면, 이 여덟 가지 폐단은 사람을 얽매어서 천하를 혼란에 빠트리는 주된 원인이 된다.

이렇듯 천하를 어지럽히는데도 사람들은 이것들을 존중하고 아끼니, 심하도다, 천하의 미혹이여! 게다가 그냥 지나쳐 버리면 그만인데도, 목욕재계한 뒤 그것을 말하고, 꿇어 앉아서 그것을 바치고, 북치고 노래하면서 그것을 찬미하니, 내 이를 어찌하겠는가?

(『장자』 외편 제11장 〈재유〉)

4. 무심의 선善

최대의 해로움은 무심이 아닌 유심有心으로 덕을 삼는 것이다.

(『장자』 잡편 제32장 〈열어구〉)

남의 약점을 폭로하는 것은 웃음으로 껴안는 것만 못하고, 웃음을 터뜨리는 것은 남과 조화를 이루는 것만 못하다.

(『장자』 내편 제6장 〈대종사〉)

제39장 온전한 도

천지만물이 생성하는 근원은 도道이니, 이를 '하나'라고 칭할 수 있다. 예로부터 하늘은 이 하나를 얻어서 청명하고, 땅은 이 하나를 얻어서 안정되어 있고, 신神은 이 하나를 얻어서 신령스럽고, 골짜기는 이 하나를 얻어서 가득찰 수 있으며, 만물은 이 하나를 얻어서 생성하며, 군주는 이 하나를 얻어서 천하를 안정시킬 수 있다.

이러한 것들은 모두 이 '하나'로부터 그렇게되는 것이다. 만약 그렇지 못하고 이 하나를 잃어버린다면, 하늘은 청명하질 못해서 붕괴될까 걱정이고, 땅은 안정되질 못해서 무너질까 걱정이고, 신은 신령스럽지 못해서 상실될까 걱정이고, 골짜기는 가득 차질 못해서 고갈될까 걱정이고, 만물은 생성하질 못해서 소멸할까 걱정이고, 군주는 천하를 안정시키질 못해서 뒤집힐까 걱정이다.

그러므로 귀한 것은 천한 것을 근본으로 삼고, 높은 것은 낮은 것을 기초로 삼는다. 이 때문에 군주는 스스로를 고孤, 과寡, 불곡不穀[42]이라고 낮춰서 칭하는 것이니, 이것이 바로 천함을 근본으로 삼는 것이 아니겠는가? 그렇지 않은가?

---

42) 모두 임금이 자기를 낮추어 부르는 겸손의 칭호. 셋 다 부족한 사람, 훌륭하지 못한 사람이란 뜻이다.

따라서 자주 명예롭기를 바라면 도리어 명예롭지 못하게 되니, 쟁반 위를 구르는 옥玉처럼 칭찬 받기를 바라지 말고 아무렇게나 뒹구는 돌처럼 무심히 행동하라.

1. 도의 역량

시위韋씨는 이 도를 얻어서 천지를 정돈했고, 복희씨는 이 도를 얻어서 원기元氣의 조화를 이루었고, 북두성은 이 도를 얻어서 영원토록 그 위치를 바꾸지 않고, 해와 달은 이 도를 얻어서 영원토록 운행을 쉬지 않으며, 곤륜산의 신인 감배堪坏는 이 도를 얻어서 곤륜산을 장악했고, 물의 신인 풍이馮夷는 이 도를 얻어서 큰 강에서 노닐었으며, 태산의 신인 견오肩吾는 이 도를 얻어서 태산 꼭대기에서 살았으며, 황제黃帝는 이 도를 얻어서 구름 낀 하늘에 올랐으며, 북방의 신인 전욱顓頊은 이 도를 얻어서 구현궁九玄宮에서 거처했다.

북해의 신인 우강禺强은 이 도를 얻어서 북극에서 살았으며, 선녀 서왕모西王母는 이 도를 얻어서 소광산少廣山에 살았으나 언제 태어나고 언제 죽었는지는 모른다. 팽조彭祖는 이 도를 얻어서 위로는 순 임금으로부터 아래로는 춘추오패春秋五覇[43] 때까지 살았다. 은나라의 재상 부열傳說은 이 도를 얻어서 살아서는 무정武丁을 도와 천하를 다스렸고, 죽어서는 동쪽으로 올라가 기성箕星과 미성尾星 두 별자리를 타고 뭇 별들과 어깨를 나란히 했다.

『장자』 내편 제6장 〈대종사〉)

---

43) 춘추 시대 때 천하를 다툰 다섯 제후를 말함. 제(齊)나라의 환공(桓公), 진(晉)나라의 문공(文公), 진(秦)나라의 목공(穆公), 송(宋)나라의 양공(襄公), 초(楚)나라의 장왕(莊王).

2. 계절도 도를 얻어서 힘이 있는 것이다

경상자庚桑子가 말했다.

「그대들은 어째서 나를 이상하게 여기는가? 봄의 기운이 발생하면 백
가지 풀이 자라나고, 가을이 되면 만물이 그 열매를 맺는다. 자연의 도
를 얻지 않았다면 봄과 가을이 어찌 이럴 수가 있겠는가?」

(『장자』 잡편 제23장 〈경상초〉)

3. 성인은 어떻게 세상에 처하는가?

염상염冉相씨는 둥근 고리의 중심에 있으면서 사물의 변화에 따라가니,
만물과 혼연일체가 되어 시작도 없고 끝도 없고 시간도 없었다. 이처럼
나날이 사물과 더불어 변화해 가면서도 그 고리의 중심은 전혀 변함이
없었으니, 어찌 이 중심에 서지 않겠는가? 무릇 하늘을 스승 삼으려 하면
서도 하늘을 스승으로 삼을 수 없는 것은 외적 사물에 사로잡히기 때문
이니, 일단 외적 사물에 사로잡히게 된다면 어찌할 수 없는 것이다.

(『장자』 잡편 제25장 〈칙양〉)

제40장 반反의 원칙

도의 운행은 본래 반복 순환하니, 반反의 작용은 도의 활동이다. 도의 활동은 전적으로 유약柔弱함을 위주로 한다. 천하만물은 유有에서 나오고, 유有는 무無에서 나온다.

* 반反은 도의 운용이다

만물은 모두 하나로 가지런하니齊─ 어느 것을 길다하고 어느 것을 짧다고 하겠는가? 도에는 처음도 없고 끝도 없지만, 사물에는 태어남도 있고 죽음도 있다. 따라서 사물의 생성은 도의 입장에서는 한때의 변화로서 믿을 것이 못된다. 말하자면 만물은 한 때는 비고 한 때는 채워져서 그 형상이 일정하지 않은 것이다.

오는 해를 막을 수 없고 가는 시간을 잡아둘 수 없는 것이니, 번성하고 쇠퇴하고 차고 기우는 것은 끝이 있으면 시작이 있는 것이다. 이것이 바로 대의大義의 원칙을 말하고 만물의 이치를 논하는 까닭이다. 사물이 생성변화하는 것은 마치 말이 달리듯 빨라서 그 활동으로 변하지 않는 것이 없고 때에 따라 옮기지 않음이 없으니, 무엇은 하고 무엇은 하지 않겠는가? 다만 자연의 조화에 따를 뿐이다.

(『장자』 외편 제17장 〈추수〉)

제5편

생활의 준칙

제41장 큰 그릇은 늦게 이루어진다

최고의 뜻을 가진 사람은 도에 관한 얘기를 들으면 부지런히 실천 노력해서 결코 중단하는 일이 없다. 중간 정도의 보통 사람은 도에 관한 얘기를 들어도 참 인 듯 거짓인 듯 있는 듯 없는 듯한 태도를 취한다. 저속한 뜻을 가진 사람은 도에 관한 얘기를 들으면 오히려 크게 웃고 마니 만약 웃지 않는다면 도라고 할 수 없다.

그러므로 옛날부터 '밝은 도는 오히려 어두운 듯하고, 앞으로 나아가는 도는 오히려 물러나는 듯하고, 평탄한 도는 오히려 울퉁불퉁한 듯하다'고 얘기한다.

마찬가지로 최상의 덕은 오히려 아래에 처해 있는 골짜기와 같고, 최상의 청렴함은 오히려 더러운 듯하고, 광대한 덕은 오히려 부족한 듯하고, 강건한 덕은 오히려 태만한 듯하고, 순박한 덕은 오히려 쉽게 변하는 듯하니, 그 이치가 여기 에 뿌리를 두지 않는 것이 없다.

광대한 공간은 가리킬 만한 구석이 없고, 가장 큰 그릇은 뒤늦게 만들어지 며, 가장 큰 음성은 그 소리를 들을 수 없고, 가장 큰 형상形象은 볼 만한 모습이 없다. 대도는 너무나 은밀해서 이름 붙일 수도 없다. 하지만 오직 대도만이 훌륭 히 베풀면서 만물을 생성한다.

* 성대한 덕은 모자란 듯하다

양자거陽子居는 노자를 만나려고 남쪽 패沛 지방에 갔는데, 그때 노자는 서쪽 진나라로 갔다. 그래서 양자거는 교외로 나가 양梁 땅에서 노자를 만났다.

노자는 그와 함께 길을 가다가 하늘을 쳐다보면서 탄식했다.

"처음에는 널 가르칠 만하다고 생각했는데 지금은 아니구나!"

양자거는 대답을 하지 못했다. 이윽고 여관에 이르자, 양자거는 세숫대야며 양칫물이며 수건이나 빗을 노자에게 바치고 문밖에서 신을 벗고는 무릎 걸음으로 노자 앞에 가서 말했다.

"아까 선생님께 여쭙고 싶었지만, 선생님께서 길을 가는 도중이라 감히 여쭙지 못했습니다. 지금은 한가하신 듯하니, 그렇게 말씀하신 까닭을 묻고 싶습니다."
"그대는 눈을 치켜뜨고 있는 것이 거만해 보인다. 그러니 누가 감히 그대와 함께 하려고 하겠는가? 최상의 청렴함은 오히려 더러운 듯하고, 성대한 덕은 오히려 부족한 듯하다."

깜짝 놀란 양자거는 낯빛을 고치면서 말했다.

"공경히 그 가르침을 받들겠습니다."

처음 양자거가 여관에 갔을 때는 함께 묵는 손님들도 그를 맞이했고, 여관집 주인은 자리를 깔아주고, 그의 아내는 수건과 빗을 바치고, 같이 묵는 사람들은 동석하길 피하고, 불을 쬐던 사람도 부엌에서 달아났다. 그러나 노자의 가르침을 듣고 돌아 온 이후로는 여관에 묵는 사람들이 그와 앉는 자리를 다툴 정도였다.

『장자』 잡편 제27장 〈우언寓言〉

제42장 난폭한 사람은 스스로를 망친다

무극無極의 도에서 하나인 태극太極이 나오고, 하나인 태극에서 둘인 음양이 나오고, 둘인 음양이 상호 교류하여 셋인 화합체가 되고, 이 셋인 화합체에서 만물이 나와 쉬지 않고 생성해나간다. 그리하여 만물은 양陽을 짊어지고 음陰을 껴안고 있으며, 이 두 기운이 충만하게 서로 융화하고 있다.

사람들은 고孤, 과寡, 불곡不穀이란 말을 싫어하지만, 군주는 이런 말로 스스로를 칭하고 있다. 그러므로 사물은 표면상 손해를 보는 듯하지만 실제로는 이익을 얻고, 표면상 이익을 보는 것 같지만 실제로는 손해를 보는 수가 있다. 이처럼 옛사람은 이런 교훈을 가르쳤는데, 나 역시 똑같은 것을 가르치겠다. 즉 "난폭한 사람은 그 난폭함에 의해 자신의 삶을 망친다"는 것이니, 나도 이 말을 가르침의 요체로 삼겠다.

* 도에서 하나가 나왔다

　도에 이미 명칭이 있다면, 그 명칭이 가리키는 본래의 도와 더불어 둘
이 된다. 이미 둘이라고 칭했다면, 이 둘로 나누기 전의 하나와 더불어
셋이 된다. 이런 식으로 계산해 나가면 아무리 숫자에 밝은 사람이라도
다 계산할 수가 없는 것이다.

『장자』 내편 제2장 〈제물론〉

제43장 지극한 부드러움

천하에서 가장 부드러운 것이 천하에서 가장 강한 것일 수 있다. 어떤 사물도 없는 무無의 상태는 전혀 틈이 없는 것에도 들어갈 수 있다. 이로 인해 나는 무위의 유익함을 알 수 있는 것이다. 이처럼 말없는 가르침과 무위의 유익함에 필적할 만한 것은 천하에 아무것도 없다.

* 무無는 전혀 틈이 없는 것에도 들어간다

한 백정이 문혜군文惠君을 위해 소를 잡았다. 손을 대고 어깨로 받치고 발로 누르고 무릎을 굽히는 동작에 따라 썩썩 베어지는 소리가 음률에 맞지 않는 것이 없었다. 그 몸놀림도 상림桑林의 춤44)과 어울리고 경수經首의 장단45)에도 맞았다. 문혜군이 그 광경을 보고 말했다.

---

44) 은(殷)나라 탕왕(湯王)이 상림이라는 곳에서 기우제를 지낼 때 만들었다고 한다. 법도에 맞아서 조화와 절도가 있음을 뜻한다.

"아, 너무도 훌륭하구나! 기술이 이 정도까지 이를 수 있는가?"

백정이 칼을 놓으면서 대답했다.

"제가 좋아하는 것은 도로서 기술보다 앞선 것입니다. 제가 맨처음 소를 잡았을 때는 눈에 보이는 것이라고 소밖에 없었습니다. 그러나 3년이 지나서는 전혀 소를 본 적이 없었으며, 지금은 신령神靈함으로만 대하지 눈으로 보지는 않습니다. 이처럼 감각기관의 작용이 멈추니 신령함이 작용한 것입니다. 천도의 이치에 따라 뼈와 살 사이를 가르고 관절 사이의 틈에 칼을 집어넣는 것이 모두 소의 형태를 그대로 따라갈 뿐입니다. 그래서 내 기술은 뼈와 살이 붙은 곳에서도 아직 한번도 걸린 적이 없는데, 하물며 큰 뼈에서 걸리겠습니까?
솜씨 좋은 백정은 1년에 한번 칼을 바꾸는데 까닭인즉 살을 가르기 때문이며, 평범한 백정은 한 달에 한 번 칼을 바꾸는데 그 이유는 억지로 뼈를 자르기 때문입니다.
그러나 지금 제 칼은 19년이나 지났고 수천 마리의 소를 잡았지만, 칼날은 여전히 새로 숫돌에 간 것 같습니다. 즉 뼈 관절에는 틈새가 있고 칼날에는 두께가 없으니, 두께가 없는 것을 틈새에 넣기 때문에 넉넉해서 칼을 놀리는 데도 여유가 있습니다. 그러므로 19년이나 됐어도 칼날이 방금 숫돌에 간 것 같습니다.
하지만 뼈와 근육이 붙은 곳에 이를 때마다 저는 그 일의 어려움을 알고 두려워하며 조심합니다. 즉 눈길을 고정한 채 천천히 움직이면서 칼을 아주 미묘하게 놀리면, 뼈와 근육이 쩍 갈라지는데 마치 흙덩이가 땅에 떨어지는 것 같습니다. 그러고나면 저는 칼을 들고 일어서서 둘레를 살펴보고는 머뭇머뭇 만족하다가 칼을 잘 닦아서 간직합니다."

문혜군이 그의 말을 듣고 말했다.

"훌륭하도다! 나는 그대의 말을 닫고 생명을 기르는 도를 터득했다."

『장자』 내편 제3장 〈양생주〉

---

45) 용 임금 때 지은 함지곡(咸池曲)의 한 악장.

제44장 만족할 줄 안다

몸 밖의 명예와 자기의 생명을 비교할 때 어느 것이 더 절실한가? 몸 밖의
재물과 자기의 생명을 비교할 때 어느 것이 더 귀중한가? 명예와 이익을 얻는
것과 생명을 잃는 것 중에서 어느 것이 더 해로운가?

그러므로 명예를 애착하면 반드시 크나큰 손해가 있을 것이며, 아끼는 재물
을 많이 쌓아두면 반드시 크게 잃을 것이다. 만족할 줄 아는 자는 치욕을 당하지
않을 것이며, 그칠 줄 아는 자는 위태롭지 않을 것이니, 이런 사람은 그 생명을
오래도록 보존할 수 있다.

1. 장자가 밤나무 숲에서 노닐다

어느날 장자는 조릉雕陵이라는 밤나무 숲에서 노닐고 있었는데, 이상
한 까치 한마리가 남쪽에서 날아오는 것을 보았다. 까치의 날개 길이는
7자나 되었고 눈의 크기도 한치나 되었는데, 장자의 이미를 스쳐 밤나무

숲에 가서 앉았다. 장자가 중얼거렸다.

"이건 무슨 새일까? 저렇게 긴 날개를 가지고도 잘 날지 못하고, 저렇게
큰 눈을 가지고도 잘 보지 못하니 말이다."

그리고는 아랫도리를 걷어올리고는 재빨리 다가가서 화살을 겨누었
다. 그러다 문득 다른 한쪽을 바라보니 매미 한 마리가 그늘에서 즐겁게
울면서 자기자신을 잊고 있었다. 또 그 곁에는 사마귀 한 마리가 나뭇잎
그늘에 숨어 매미를 잡느라 정신이 팔려서 자신을 잊고 있었고, 이상한
까치도 그 옆에서 사마귀를 잡느라 정신이 팔려 자신을 잊고 있었다. 장
자가 깜짝 놀라면서 말했다.

"아! 사물이란 본래 서로를 해치고 있으며, 이로움과 해로움은 서로를
불러들이고 있구나."

장자는 이내 활을 버리고 도망치듯 돌아왔다. 그때 밤나무 숲을 지키
는 사람이 도둑인 줄 알고 장자를 뒤쫓아 오면서 욕을 해댔다. 장자는
집에 돌아와서 석 달 동안을 불쾌해 있었다. 그의 제자인 인저藺且가 장자
에게 물었다.

"선생님께선 요즘 어째서 그렇게 불쾌하십니까?"

장자가 대답했다.

"나는 외적 사물에 사로잡혀서 나 자신을 잊고 있었다. 말하자면 흙탕
물을 바라보느라고 맑은 연못을 잊은 것과 같다. 또 선생께 '세속에
들어가면 그 세속을 따르라'고 들었는데도 지금 나는 조릉에서 노닐다
가 나 자신을 잊었고, 이상한 까치는 내 이마를 스쳐 지나가면서 밤나
무 숲에서 노닐다가 참된 자신을 잊었고, 밤나무 숲을 지키는 사람은

내게 모욕을 가했다. 내가 불쾌한 것은 바로 이 때문이다."

『장자』 외편 제20장 〈산목〉

2. 본성의 상실에 대해서

명예를 구하다 본성을 잃는 사람은 도를 터득한 사람이 아니다. 그는
세상 사람을 부릴 수 없을 뿐만 아니라 오히려 세상 사람에게 부림을
당한다. 그러므로 호불해狐不偕, 무광務光, 백이伯夷, 숙제叔齊, 기자箕子,
서여胥餘, 기타紀他, 신도적申徒狄 같은 사람들은 다른 사람에게 부림을
당하고 남이 원하는 바에 맞췄을 뿐 스스로의 편안함에는 이르지 못한
사람들이다.

『장자』 내편 제6장 〈대종사〉

3. 공자가 도가의 충고를 받아들이다

공자가 자상호子桑雽에게 물었다.

"나는 두번씩이나 노나라에서 쫓겨났고, 송나라에서는 나무 밑에서 강
의를 하는데 나를 해치려는 자가 그 나무를 베어버렸으며, 위나라에서도
쫓겨났고, 상나라와 주나라에서는 곤경에 빠졌으며, 진나라와 채나라 사
이에선 포위를 당했습니다. 이처럼 여러번 환난을 당하자 친한 사람들과
도 멀어지고 제자와 친구들도 대부분 흩어졌습니다. 어째서 그럴까요?

자상호가 대답했다.

"그대가 가假나라 사람이 도망친 얘기를 듣지 못했소? 가나라 사람 임

회林回는 천금의 가치가 있는 구슬을 버리고 어린 애를 업고 도망쳤는데, 어떤 사람이 그에게 물었소."

"값으로 따져도 어린애의 가치가 구슬만 못할 것이며, 짐으로 치더라도 어린애가 구슬보다 더 짐이 될텐데, 어째서 천금의 구슬을 버리고 어린애를 업고 도망치는가?'

그러자 임회는 이렇게 대답했소.

"구슬은 나와 이익으로 맺어진 것이지만, 어린애는 천륜으로 맺어진 것이요. 무릇 이익으로 맺어진 사이는 환난과 곤경에 처하게 되면 서로 버리게 되지만 천륜으로 맺어진 사이는 환난과 곤경에 처하더라도 서로 거둬주는 법이오."

이처럼 서로 버리는 것과 거둬주는 것은 현격한 차이가 있소. 그리고 군자의 사귐은 물처럼 담박하고, 소인의 사귐은 단술처럼 달콤하오. 군자는 담박하기 때문에 사귈수록 친해지고, 소인은 달콤하기 때문에 쉽게 그 사이가 끊어지는 법이오. 아무런 까닭없이 맺어진 것은 결국 아무런 까닭없이 떨어지기 마련이죠."

공자는 그의 말을 듣고 "공경히 가르침을 받들겠습니다"라고 말하고는 천천히 걸어서 집으로 돌아왔다. 그 뒤부터 공자는 학문과 서적을 집어치우고 다시는 제자들을 가르치지 않았지만, 제자들의 사랑은 더욱더 깊어졌다.

『장자』 외편 제20장 〈산목〉

4. 생명의 실상을 통달한 사람

생명의 실상을 통달한 사람은 생명에 무익한 분수 밖의 일에 대해선 힘쓰지 않고, 명운命運의 이치에 통달한 사람은 지혜로 어찌할 수 없는 것에 대해선 힘쓰지 않는다. 몸을 기르는 데는 옷이나 음식같은 물질이 우선이다. 그러나 물질이 남아돌아도 몸을 기르지 못하는 경우가 적지 않다. 또 생명이 있다면 몸을 여의지 않는 것이 우선이다. 그러나 몸을 여의지 않는데도 생명을 잃는 경우가 있으니, 생명이란 오는 것을 막을 수 없고 가는 것을 붙들 수도 없다.

슬프도다! 세상 사람들은 몸만 기르면 충분히 생명을 보존한다고 생각한다. 그러나 아무리 몸을 기른다 해도 생명을 보존하기에 부족하다면 세상 일에 힘쓴들 무슨 소용이 있겠는가? 소용이 없는데도 하지 않을 수 없는 것은 그 속세의 일에서 벗어나지 못하기 때문이다. 무릇 몸을 위한 일을 벗어나고자 한다면 세상을 버리는 것만 못하다.

세상을 버리면 허물이 없고, 허물이 없으면 마음이 바르고 평정해진다. 마음이 바르고 평정해지면 저 자연의 도와 더불어 생명이 새로워지고, 생명이 새로워지면 대도에 가까워진다.

세속적인 일을 어떻게 버릴 것이며, 생명은 어떻게 잊어야 하는가? 세속적인 일을 버리면 몸이 수고롭지 않고, 생명을 잊으면 정신이 훼손되지 않는다. 그리하여 몸이 온전해지고 정신이 자연으로 돌아가면 천도와 더불어 하나가 된다.

천지는 만물의 부모니, 천지의 두 기운이 합쳐지면 사물의 형체가 이루어지고, 천지 기운이 흩어지면 원초原初로 복귀한다.

몸과 정신이 온전해지는 것을 '자연과 더불어 옮겨간다'고 말하니, 지극하고 지극해서 그 극치에 이르면 근원으로 돌아가 천도를 도울 수 있다.

『장자』 외편 제19장 〈달생〉

5. 진흙탕 속에서 꼬리를 끄는 거북이 되겠소

장자가 복수濮水에서 낚시질을 하는데, 초나라 왕이 보낸 대부大夫 두 사람이 찾아와 왕의 뜻을 전했다.

"왕께서는 당신이 나라 일을 맡아주시길 바랍니다."

낚싯대를 잡은 장자는 돌아보지도 않고 말했다.
"초나라에 죽은 지 3천년이나 된 신령스러운 거북이 있는데, 왕께서 그
거북을 비단으로 싸서 상자에 넣어 묘당廟堂 위에 간직해두었다고 들
었소. 그런데 그 거북이 죽으면서 뼈를 남겨서까지 귀중히 여겨지길
원했을까요, 아니면 차라리 살아서 진흙탕 속에서라도 꼬리를 끌기 원
했을까요?"
"물론 살아서 진흙탕 속에서라도 꼬리를 끌기를 원했겠죠."
"그렇다면 가시오. 나 역시 진흙탕 속에서 꼬리를 끌기 바라오."

혜자가 양梁 나라 재상으로 있을 때, 장자는 그를 찾아가 보려고 했다.
어떤 사람이 혜자에게 말했다.

"장자는 그대를 대신해서 재상이 되고자 합니다."

이 말을 듣고 겁이 난 혜자는 장자를 찾으려고 사흘 낮 사흘 밤 나라
안을 뒤졌다. 그러자 혜자를 찾아가서 말했다.
"남쪽에 새가 있는데 그 이름을 원추鶢鶵라 하오. 당신은 그걸 아십니
까? 이 원추라는 새는 남해에서 출발해 북해로 날아가지만, 오동 나무가
아니면 머물지 않고, 대나무 열매가 아니면 먹지 않으며, 단맛이 나는
샘물이 아니면 마시지 않습니다. 그런데 마침 솔개 한마리가 썩을 쥐를
잡고 있었는데, 원추가 지나가자 위를 바라보면서 "꺄악!"하고 성내는 소
리를 질렀소.
지금 당신도 이 솔개처럼 양나라 재상 자리를 가지고 나에게 성내는
소리를 지르고 있소이다.
『장자』 외편 제17장 〈추수〉

제45장 올바름

　최고의 완성품은 마치 모자란 듯하지만, 아무리 써도 닳지 않는다. 가장 알찬 것은 마치 비어 있는 듯하지만, 아무리 써도 끝이 없다.

　가장 곧은 것은 마치 굽은 것 같으며, 최고의 기교는 마치 졸렬한 듯하며, 최고의 웅변은 마치 어눌한 것과 같다. 고요함은 움직이는 것을 이기고, 차가움은 뜨거운 것을 이기고, 맑고 고요함은 천하를 올바르게 한다.

제46장 탐욕보다 큰 재앙은 없다

천하에 도가 있으면 사람마다 만족할 줄 알아서 국가간에 전쟁이 없다. 따라서 전쟁에 쓰이는 준마를 논밭으로 돌려서 경작하는 데 이용한다. 천하에 도가 없으면 사람마다 탐욕이 들끓어서 국가간에 전쟁이 빈번이 일어난다. 따라서 집에 있는 말을 전쟁에 내보낼 뿐만 아니라 새끼 밴 암컷까지 징발해 전쟁터에서 새끼를 낳을 정도다. 이로 보아, 화禍는 만족할 줄 모르는 것보다 큰 것이 없고, 허물은 탐욕보다 큰 것이 없다. 그러므로 만족할 줄을 아는 민족이야말로 영원한 민족이다.

* 만족할 줄 알라

산새가 깊은 숲 속에 깃들인다 해도 차지하는 자리는 나뭇가지 하나에 지나지 않고, 큰 쥐가 강물을 마신다 해도 자기 배를 채우는 데 불과하다.
『장자』 내편 제1장 〈소요유〉

제47장 문 밖에 나가지 않아도 천하를 안다

문 밖에 나가지 않아도 천하를 알 수 있고, 창 밖을 엿보지 않아도 천도를 알 수 있다.

외적으로 지식을 구하면 구할수록 실제로 지혜는 더욱 적어진다. 그러므로 성인은 가지 않아도 알 수 있고, 보지 않아도 도를 설명할 수 있고, 작위하지 않아도 성취할 수 있다.

* 마음의 재계

안회顔回가 공자에게 말했다.

"저는 집안이 빈궁해서 술이나 매운 채소를 먹은 지 몇 달이나 됩니다. 이 정도면 재계齋戒했다고 할 수 있습니까?"

공자가 대답했다.

"그건 제사 지낼 때의 재계지 마음의 재계, 즉 심재心齋는 아니다."

"마음의 재계란 어떤 것입니까?"

"너는 먼저 뜻을 하나로 모아라. 그리고 귀로 듣지 말고 마음으로 들을 것이며, 마음으로 듣지 말고 기氣로 듣도록 하라. 귀로는 소리를 들을 뿐이며, 마음은 대상과 부합하는 데서 그치지만, 도道만이 텅 빈 허공에 모이니, 이 허공이 바로 마음의 제계다."

"제가 가르침을 받기 전에는 저 자신이 안회라는 느낌이 있었는데, 이제 가르침을 받고 나자 저 자신이 안회라는 느낌이 없어졌습니다. 이것을 허공이라고 할 수 있을까요?"

"바로 그것이 마음의 재계다. 내 너에게 말해주마. 저 텅 빈 곳을 보라. 방 안이 비었기 때문에 광명이 비치고, 마음이 고요하기 때문에 상서로움이 모여든다. 하지만 마음이 고요하지 못하다면 비록 조용히 앉아 있다 해도 정신은 밖으로만 분주하니, 이를 좌치坐馳라 한다.

『장자』 내편 제4장 〈인간세〉

제48장 무위로서 천하를 취한다

학문을 배우면 나날이 지식이 놀지만, 도를 닦으면 나날이 욕망이 덜어진다. 덜어지고 덜어지면 무위의 경지에 이르게 되니, 무위의 경지에 이르면 되지 않는 것이 없다. 천하를 차지하기 위해서는 항상 무위로 임해야 하니, 만약 유위로 임한다면 천하를 차지할 수 없다.

제49장 민심을 자기 마음으로 삼는다

　성인은 고정된 마음이 없으니, 백성의 마음을 자신의 마음으로 삼는다. 백성들이 선량하면 진실로 그들을 선량하게 대하고, 백성들이 선량하지 않더라도 그들을 배척하지 않고 더욱 선량하게 대한다. 그래서 성인은 저마다 가진 쓰임새에 따라 쓰면서 결코 그 선량함을 잃지 않기 때문에 사람들은 결국 선량함으로 돌아가기 마련이다. 백성들이 믿음이 있으면 진실로 그들을 믿음으로 대하고, 백성들이 믿음이 없을지라도 더욱 성실함으로 대한다. 그래서 성인은 오직 신실信實함을 지킬 뿐 거짓을 알지 못하기 때문에 능히 사람들의 거짓을 없애서 신실함으로 돌아가게 하는 것이다.

　성인이 천하를 다스릴 때는 사리사욕을 없애고, 그 마음을 천하의 백성들과 혼연일체가 되게 한다. 그 결과 백성들은 그들의 귀와 눈을 성인에게 집중시키니, 성인은 그들 모두를 아이처럼 돌본다.

1. 성인은 백성의 의견을 받아들인다

세속적인 사람은 타인의 의견이 자기의 의견과 같은 걸 좋아하고, 타인의 의견이 자기의 의견과 상반되는 걸 싫어한다. 자기 의견과 같기를 바라고 자기 의견과 상반되길 바라지 않는 것은 뭇 사람보다 출중하려는 마음이 있기 때문이다. 하지만 사람들보다 출중하려는 마음이 있다 해서 어찌 그럴 수 있겠는가? 뭇 사람을 따라야 편안한 법이다.

혼자 배운 바가 뭇 사람의 다양한 재주만 못한데도 혼자서 나라를 다스리고자 하는 자는 삼왕三王[46]의 이로움만 볼 뿐 그 우환은 보지 못하는 자다. 그들은 요행을 바라는 마음으로 나라를 다스리지만, 요행을 바라다가 나라를 잃지 않은 자가 그 얼마나 되던가? 나라를 보존한 자는 만에 하나도 없었고, 나라를 잃은 자는 만이 넘으면서 하나도 성공치 못했으니, 슬프다, 나라를 다스리는 사람이 도를 알지 못함이여?

『장자』 외편 제11장 〈재유〉

2. 백성을 따르다

만물이 비록 비천하더라도 자연의 도에 맡기지 않을 수 없는 것이며, 백성이 비록 비천하더라도 백성들을 따르지 않을 수 없는 것이다.

『장자』 외편 제11장 〈재유〉

---

46) 하(夏)나라의 우왕(禹王), 은나라의 탕왕, 주나라의 문왕과 무왕을 말한다.

제50장 삶의 길과 죽음의 길

삶으로 가는 길과 죽음으로 가는 길이 있다. 열 명 중에 셋은 삶으로 가는 자들이고, 열 명 중에 셋은 죽음으로 가는 자들이다. 특히 열 명 중에 셋은 삶에 집착하다가 결국 죽음으로 가는 자들이다. 왜 그런가? 지나치게 육체의 삶만을 기르기 때문이다.

자신의 생명을 훌륭히 기르는 자는 땅 위를 다녀도 호랑이나 뿔난 소를 만나지 않고, 전쟁터에 나가도 무기에 의해 다치지 않는다. 뿔난 소가 아무리 흉폭하더라도 뿔로 공격할 곳이 없고, 호랑이가 아무리 사납더라도 발톱을 쓸 곳이 없으며, 칼날이 아무리 날카롭더라도 쓰여지질 못한다. 왜냐하면 양생을 잘하는 사람은 결코 사지死地에 들어가지 않기 때문이다.

1. 삶은 죽음의 결과요 죽음은 삶의 시작이다

누가 삶과 죽음의 관계를 아는가? 삶은 죽음과 같은 종류요 죽음은 삶의 시작이니, 이 끝없는 순환을 주재하는 자를 어느 누가 알겠는가? 사람이 살 수 있는 것은 기氣가 모이기 때문이니, 기가 모이면 삶이요 기가 흩어지면 죽음이다. 만약 삶과 죽음이 한 종류라면 산다고 해서 기뻐할 필요도 없고 죽는다고 해서 슬퍼할 필요도 없으니, 내 어찌 근심하겠는가? 그러므로 만물은 하나인 것이다.

그런데도 사람들은 삶의 아름다움에 대해선 신기神奇(신령스럽고 기이함)하다고 기뻐하지만, 죽음의 추악함에 대해선 취부臭腐(썩어서 냄새가 남)하다고 싫어한다. 하지만 썩어 냄새가 나는 것이 다시 변화하여 신령스럽고 기이한 것이 되며, 신령스럽고 기이한 것이 다시 변화해서 썩어 냄새가 나는 것이 되니, 이 때문에 "천하는 하나의 기氣로 통할 뿐"이라고 말하는 것이다. 그래서 성인은 이 '하나'를 귀하게 여기는 것이다.

(『장자』 외편 제22장 〈지북유〉)

2. 인류의 영혼

큰 지혜는 여유있고 한가로우나 작은 지혜는 이러쿵 저러쿵 잘 따진다. 훌륭한 말은 담담하나 시답잖은 말은 시끄럽기만 하다. 잠잘 때는 인간의 영혼이 활동을 하고 깨어있을 때는 육체의 감각기관이 작동한다. 그리하여 외부와 접촉을 갖게되면서 날마다 마음의 갈등을 겪게 되니, 그 결과 산만한 사람도 있고 교활한 자도 있고 소심한 사람도 있다. 이런 자들은 두려움이 작을 때는 흠칫 놀라지만, 두려움이 클 때는 그만 넋을 잃고 만다.

또 이런 자들의 마음은 옳고 그름을 가릴 때는 마치 활을 팽팽히 당겼다 쏘는 것처럼 상대를 공격하며, 고집을 세워 상대방을 이기고자 할 때는 마치 맹세나 하듯이 딱 잡아뗀다. 이런 경쟁의 결과는 그들의 정신을 가을과 겨울의 쓸쓸함처럼 하루하루 시들어가게 하니, 이처럼 일단 탐욕에 빠진 사람은 자신의 본성을 회복할 수가 없는 것이다. 마지막으로 바느질로 꿰맨듯이 꽉 막힌 마음은 점점 쇠퇴하는 노화老化를 말하는 것이니, 이처럼 죽음에 가까운 마음은 다시 살릴 수가 없는 것이다.

사람의 마음은 때로는 기뻐하고, 때로는 분노하고, 때로는 슬퍼하고, 때로는 즐거워하고, 때로는 근심하거나 탄식하고, 때로는 변덕을 부리거나 고집을 부리고, 때로는 경망스럽거나 방종하고, 때로는 터놓거나 꾸며댄다. 이런 것들은 마치 텅 빈 악기의 구멍에서 나오는 음율처럼, 또는 습기 속에서 돋아나는 버섯처럼 밤낮 교대로 눈 앞에 나타나지만 어디서 싹트는지는 모른다.

아! 어디서 생기는지는 모르지만, 아침 저녁으로 이러한 감정의 변화가 일어나는 것은 그 연유하는 바가 있으리라. 이같은 감정의 변화가 없다면 '나'도 없는 것이며, '나'가 없다면 이같은 감정을 취할 수가 없다. 이렇듯 감정과 '나'와는 가까운 관계지만, 누가 그렇게 시키는 줄은 알지 못한다. 참된 주재자가 있는 것 같긴한데 그 징조를 특별히 발견할 수 없고, 그것이 작용하는 것은 믿을 수 있지만 그 형체는 볼 수가 없으니, 실제의 정황은 있어도 형상은 없기 때문이다.

이를 다시 사람의 몸에 비유해보자. 사람의 몸은 백개의 뼈마디와 아홉개의 구멍과 여섯개의 내장이 두루 갖추어졌지만, 나는 어느 것과 친해야 하는걸까? 그대는 다 좋다고 하겠는가? 반드시 편애하는 게 생기리라. 아니면 이런 것들을 모두 신하나 첩으로 삼을 수 있을까? 그 신하나 첩은 서로 다스리기엔 부족한 것일까? 혹시 번갈아 가며 서로 임금도 됐다 신하도 됐다 하는걸까? 그러나 사실은 참된 주인이 존재하는 것이다.

그대가 참된 주인의 실정을 알든 알지 못하든 참된 주인에게는 아무런 손해도 이익도 없는 것이다. 일단 사람의 몸을 받은 이상 망가뜨리는 일 없이 목숨이 다할 때까지 기다려야 한다. 그런데도 대상 사물을 거역해서 서로 해치고 갈등을 겪는다면, 그 행실이 말 달리듯 달려나가면서 멈출 줄을 모르니, 이 또한 슬프지 아니한가? 평생 시달리면서 애를 써도 노력의 결과를 보지 못하고, 지치고 쓰러지면서도 돌아갈 곳을 모르니, 이 또한 애달프지 아니한가? 이런 나를 두고 남들이 죽지 않았다고 한들 무슨 이익이 있겠는가? 이 몸이 변하면서 마음도 따라 변하게되니, 이 어찌 커다란 비애라 하지 않겠는가?

사람의 삶이란 본래 이렇게 어리석은 것일까? 아니면 나만이 홀로 어리석고 남들은 어리석지 않은 것일까?

(『장자』 내편 제2장 〈제물론〉)

3. 꿈에서 술에 취해 즐거워하던 사람이 깨어나선 오히려 슬픈 일을 만난다

삶을 기뻐하는 것이 미혹이 아닌 줄 내 어찌 알겠는가? 죽음을 싫어하는 것이 어려서 고향을 떠난 채 돌아갈 줄 모르는 것이 아닌 줄 내 어찌 알겠는가?

여희麗姬는 애艾 땅의 국경을 지키는 사람의 딸인데, 진나라가 처음 그녀를 데려왔을 때 그녀는 늘 울면서 눈물 콧물로 옷깃을 적시었다. 그러나 왕의 처소에서 왕과 잠자리를 같이 하고 맛있는 고기를 먹고부터는 처음에 울고불고했던 것을 후회했다고 한다. 마찬가지로 이미 죽은 자들도 생전에 살기만을 바랐던 것을 후회하지 않는지를 내 어찌 알겠는가?

꿈 속에서 술을 마시며 즐거워하던 자가 아침이 오면 슬프게 곡을 하며 울고, 꿈 속에서 슬프게 곡을 하던 자가 아침이 오면 즐겁게 사냥을 떠난다. 꿈 속에서는 그것이 꿈인 줄 모른 채 꿈 속에서 그 꿈을 점치다가 깨어난 뒤에야 그것이 꿈인 줄 안다. 마찬가지로 한번 크게 깨친 뒤에야 삶이 커다란 꿈인 줄 알게 된다. 그러나 어리석은 자들은 스스로 깨쳤다고 여기면서 임금이다 목동이다 귀천을 따지며 아는 척을 해대니, 정말로 딱한 일이다.

공자나 그대나 모두 똑같이 꿈을 꾸고 있네. 그대가 꿈을 꾸고 있다고 말하는 나 역시 꿈을 꾸고 있는 걸세. 평범한 사람이 내 말을 들으면 필경 괴이하다고 여기겠지만, 만대가 지난 후에라도 내 말의 뜻을 아는 대성인을 만날 수 있다면 그것은 아침 저녁으로 만난 것이나 다름없네.

(『장자』 내편 제2장 〈제물론〉)

옛날의 진인眞人은 삶을 기뻐할 줄도 몰랐지만, 동시에 죽음을 싫어할 줄도 몰랐다.

(『장자』 내편 제6장 〈대종사〉)

4. 인생은 짧다

사람이 천지간에 살고 있는 시간은 마치 하얀 말이 틈새를 지나는 것처럼 일순간에 불과하오. 만물은 갑자기 세상에 출현해 성장하다가도 갑자기 쇠퇴해 죽기 마련이니, 자연의 변화에 따라 생겼다가 자연의 변화에 따라 죽는걸세. 그런데도 살아있는 생물은 이런 사실을 애달파하고, 인간도 이를 슬퍼한다. 그러나 활집에서 벗어나듯 옷주머니를 풀어버리듯 온갖 속박에서 자유롭게 풀려나 혼백이 떠나려 할 때는 육신도 그에 따르는 것이니, 이것이 바로 도의 근원으로 크게 돌아가는 것大歸이다.

(『장자』 외편 제22장 〈지북유〉)

5. 생사의 꿈에서 깨어난 사람

안회가 공자에게 물었다.

「맹손재孟孫才는 어머니가 죽었을 때, 소리내어 울면서도 눈물은 흘리지 않았으며, 속마음도 슬퍼하지 않았으며, 상喪을 치르면서도 애통해하지 않았습니다. 이 세가지가 없는데도 초상을 잘 치렀다는 소문이 노나라에 쪽 퍼졌습니다. 진실로 그 실질적인 내용이 없는데도 그같은 명성을 얻을 수 있을까요? 저는 정말 이상합니다.」

공자가 대답했다.

「맹손씨는 초상을 훌륭히 치렀을 뿐만 아니라 상례를 아는 자보다 한 걸음 더 나아간 것이다. 세상 사람들은 상례를 간소화하지 못하는데도 그는 이미 간소하게 치렀다. 맹손씨는 삶이 무엇인지도 모르고 죽음이 무엇인지도 모른다. 아울러 죽음과 삶 중에서 어느 것이 먼저인지도 모르고 어느 것이 나중인지도 모른다. 그저 변화를 따라 사물이 되면, 그 다음은 앞으로 닥쳐올 알지 못할 변화를 기다릴 뿐이다.
사람의 육체는 시시각각 변화하는 것이니 변화하지 않는 것을 어찌 알겠으며, 사람의 정신은 변하지 않는 것이니 형체가 이미 변화해버린 걸 어찌 알겠는가? 나와 그대만이 아직도 꿈 속에서 깨어나지 못하고 있는 것이다. 또한 맹손씨는 갑자기 육체상의 변화를 만났지만, 이로 인해 자신의 마음을 해치지는 않았다. 그는 깨닫고 있다. 육체상의 변화는 참된 죽음이 아니고 단지 새로운 거처로 옮겼을 뿐이라는 것을. 따라서 그가 곡을 한 것은 다른 사람이 하는 곡을 따랐을 뿐, 실제 그의 마음엔 특별한 감정이 없다고 할 수 있다.

사람들은 항상 잠시 머물고 있는 육체를 갖고 '이것이 나다!' '이것이 나다!'라고 말을 하지만, 실제로 이 '나'가 정말로 참된 자기일까? 비유하자면 그대도 꿈 속에서는 새가 되서 하늘을 날거나 고기가 되서 물속에 잠수한 적이 있을 것이다. 그렇다면 지금 나와 얘기하는 그대도 깨어있을 때의 그대인가, 아니면 꿈 꿀 때의 고기나 새인가?

우연히 뜻대로 일이 되는 것은 웃는 것만 못하고, 마음 속으로부터 터져나온 웃음 소리는 사물의 자연스런 추이를 따르는 것만 못하다. 따라서 사물의 자연스런 추이에 안주해서 삶과 죽음을 망각하고 자연의 변화에 순응하는 것만이 텅 빈 경계에 들어가서 천도와 합일할 수 있는 것이다.」

(『장자』 내편 제6장 〈대종사〉)

6. 장자가 꿈에서 나비가 되다

언젠가 장주莊周(장자의 이름)는 나비가 되는 꿈을 꾸었다. 꽃들 사이를 팔랑팔랑 날라다니며 신나게 노닐면서도 자기가 장주인 줄은 전혀 알지 못했다. 그러다가 문득 깨어나보니 분명히 장주였다. 도대체 장주가 나비가 된 꿈을 꾼 것인지, 아니면 나비가 장주가 된 꿈을 꾼 것이지 알수가 없었다.

장주와 나비는 반드시 구별이 있을 것이니, 이를 만물의 변화라고 부른다.

(『장자』 내편 제2장 〈제물론〉)

7. 무궁의 문으로 들어가 무극의 들녘에서 놀리라

황제가 천자가 된지 19년만에 법령이 천하에 행해지고 민심이 돌아왔다. 어느 날 황제는 광성자廣成子가 공동산空同山에서 은거하고 있다는 말을 듣고는 그를 찾아가 물었다.

「나는 당신이 지극한 도에 통달했다고 들었습니다. 청컨대 지극한 도의 정수가 무엇인지 묻고 싶습니다. 나는 천지의 정수를 취해서 오곡이 자라도록 도와 백성들을 기르고자 하며, 아울러 나는 음양을 조화시켜 뭇 생명을 키우고자 하는데, 어찌하면 되겠습니까?」

광성자가 대답했다.

「그대가 묻고자 하는 것은 사물의 본질인데, 그대가 관장하려는 것은 사물의 말단일세. 그대가 천하를 다스리고부터는 구름이 다 모이기도 전에 비가 내리고, 초목은 잎이 누렇게 되기도 전에 시들어 떨어지고, 해와 달의 광명도 더욱 침침해졌소. 그런데도 그대는 사람들의 마음에 영합하는데만 급급하니, 내 어찌 지극한 도를 말할 수 있겠는가?」

그 자리를 물러나온 황제는 천자의 지위를 버린 뒤에 따로 독방을 만들어서 흰 풀을 깔고 석달 동안 지냈다. 그 후 다시 광성자를 찾아갔는데, 그때 광성자는 남쪽으로 머리를 두고 누워있었다. 황제는 그 발치께로부터 무릎 걸음으로 나아가 머리를 숙여 두번 절하고는 물었다.

「저는 당신이 지극한 도에 통달했다고 들었습니다. 어떻게 몸을 다스려야 장수할 수 있는지 묻고 싶습니다.」

광성자가 벌떡 일어나면서 말했다.

「훌륭하구나! 그대의 질문. 자, 이리로 오라. 내 그대에게 지극한 도에 대해 말해주리라. 지극한 도의 정수는 깊고도 유현하며, 지극한 도의 극치는 아득하면서도 고요하다. 따라서 보려고 하지도 말고 들으려 하지도 말고 다만 정신을 고요히 감싸고 있으면 형체도 저절로 바르게 될 것이다. 반드시 고요하고 반드시 맑아야만 그대의 몸을 괴롭히지 않고 그대의 정신을 어지럽히지 않아서 비로소 장수할 수 있는 것이다. 그리하여 눈으로는 보는 것이 없고 귀로는 듣는 것이 없고 마음으로는 아는 바가 없을 때 그대의 정신도 그대의 몸을 잘 보존해서 육신의 장수를 누릴 수 있는 것이다. 그대 내면의 뜻을 독실히하고 외적 대상에 의해 마음이 흔들리지 말게나. 아는 것이 많으면 일을 망치는 법이다. 내 그대를 도와 태양 위까지 올라가 지극한 양기의 근원에 이르도록 하리라. 또 그대를 도와 깊고 그윽한 문에 들어가 지극한 음기의 근원에 이르도록 하리라. 원래 천지만물은 저마다 공용功用이 있고, 음과 양의 두 기운은 저마다 그 근원을 지킨다! 따라서 그대 자신을 삼가고 지켜나간다면 만물은 저절로 생장해 나갈 것이다. 나는 오직 이 하나의 도를 잘 지키고 융화하면서 살기 때문에 나 자신을 닦은지 천이백 년이 되었는데도 여전히 내 몸은 쇠퇴하지 않는 것일세.」

황제는 다시 머리를 숙여 두 번 절하고는 말했다.

「광성자님이야말로 하늘과 일체라고 할 수 있습니다.」

광성자가 대답했다.

「자, 이리 오게나. 내 그대에게 말해주리라. 만물의 변화는 무궁한데도 사람들은 다 시작과 끝이 있다고 여기고, 만물의 변화는 측량할 수 없는데도 사람들은 다 한계가 있다고 여긴다. 나의 도를 터득한 사람은 위로는 황제가 될 수 있고 아래로는 왕이 될 수 있으며, 나의 도를 상실한 자는 살아서는 해나 달의 빛을 볼 뿐이고 죽어서는 한 줌 흙으로 돌아갈 뿐이다.
지금 온갖 만물은 모두 흙에서 나와 흙으로 돌아가고 있소. 그러므로 나는 이제 자네를 버리고 무궁의 문으로 들어가서 무극無極의 들녘에서 노닐겠다. 나는 해와 달과 더불어 광명을 같이하고, 나는 천지와 더불어 영원할 것이네. 그리하여 만물이 내 앞에 다가와도 멍하니 알지 못하고, 만물이 내게서 멀어져도 아득히 내버려둔다네. 그 결과 사람들은 삶도 있고 죽음도 있어서 필경 죽음으로 끝나지만, 삶과 죽음을 하나로 이해한 나만은 홀로 영원히 존속할 수 있는 것이다.

(『장자』 외편 제11장 〈재유〉)

8. 도인은 해를 입지 않는다

하백이 말했다.

「그렇다면 어째서 도를 귀하게 여기나요?」

북해약이 대답했다.

「도를 아는 사람은 반드시 사물의 이치에 통달하고, 사물의 이치에 통달한 자는 반드시 방편方便에 밝으며, 방편에 통달한 자는 외부 사물에 의해 자기를 해치는 일이 없소. 지극한 덕을 가진 사람은 불로도 태울 수 없고, 물로도 빠트릴 수 없으며, 추위나 더위로도 해칠 수 없고, 짐승도 그를 다치지 못하오. 이는 그가 이런 것들을 가볍게 여겨서 그런 것이 아니라 오히려 안전과 위험을 잘 살피고, 화禍와 복福에 대해 편안하고, 행동거지를 신중히 하기 때문에 어떤 것도 그를 해칠 수 없는 것이라오.

(『장자』 외편 제17장 〈추수〉)

제51장 유현한 덕

도는 천하의 모체母體라서 만물이 모두 도로부터 나오며, 덕은 그 만물을 양육한다. 그리하여 사물은 각각의 성질에 의해 형체를 이루고, 자연의 세력에 의해 완성된다. 그러므로 만물은 모두 도를 존숭하고 덕을 귀중히 여기니, 도를 존숭하고 덕을 귀중히 여기는 것은 누구의 명령에 의한 것이 아니라 자연히 늘 그렇게 되는 것이다.

이처럼 도는 만물을 생성하고 덕은 만물을 양육하니, 낳고 기르고 형태와 특성을 부여하고 보호하고 성숙시키는 것이다. 하지만 도는 만물을 낳으면서도 소유하지 않고, 번성시키면서도 자기 능력이라고 자랑하지 않으며, 지속적으로 양육하면서도 자기가 주재한다고 여기지 않으니, 이를 현덕玄德(유현한 덕)이라고 부른다.

제52장 도는 천지만물의 모체

천지만물에는 시원始源이 있는데, 이것이 바로 도이다. 이 도는 천지만물을 낳기 때문에 천지만물의 모체母體인 것이다. 이 모체를 터득하면 그 자식인 만물을 알 수 있으니, 자식을 안 뒤에 다시 돌아가 모체를 지켜야 종신토록 위태롭지가 않은 것이다.

만약 도를 귀의처로 삼아 함부로 총명함을 발휘하지 않는다면, 그 모체를 지키면서 자식을 알게 된다. 그때는 온갖 일이 눈 앞에서 분분히 일어나더라도 무사태평하면서 종신토록 수고롭지 않을 것이다. 그러나 자기의 총명을 함부로 발휘하면서 자기 재능을 과시한다면, 종신토록 구제할 길이 없을 것이다.

미묘한 도의 근원을 보는 것을 '밝다'고 하고, 부드러운 도의 바탕을 지키는 것을 '강하다'고 한다. 그리하여 밝은 빛을 쓰면서도 다시 그 밝음으로 복귀할 수 있어야만 자신에게 재앙이 미치지 않을 것이니, 이를 습상習常, 즉 영원한 도를 따르는 것이라 한다.

1. 아침에 셋 저녁에 넷

도에 통달한 사람만이 사물의 '하나'된 도리를 안다. 하지만 사람들은 이런 도리를 모르고 도리어 마음과 정신을 괴롭힘으로서 만물이 본래 어떤 분별도 없는 '하나'란 걸 알지 못한다. 그렇다면 이는 조삼朝三(아침에 셋)과 다르지 않은 것이다. '조삼'이란 무엇인가?

옛날 송나라에 원숭이를 기르는 노인이 있었다. 그는 원숭이에게 도토리를 나눠 주면서 "아침에 세개를 먹고 저녁에 네개를 먹어라"라고 하자, 원숭이들이 너무 적다고 모두 화를 냈다. 그래서 노인이 다시 "그럼 아침에 네개를 먹고 저녁에 세개를 먹어라"라고 말하니, 원숭이들이 모두 기뻐했다. 명분과 실제에서 전혀 바뀐 것이 없는데도 원숭이는 화를 내기도 하고 기뻐하기도 한 것이니, 이는 자기의 주관을 고집한 것이라서 정신만 수고롭힐 뿐이다.

그러므로 성인은 옳고 그름을 조화시켜 자연의 균등함天鈞에서 쉬게 하니, 이를 양행兩行, 즉 옳고 그름이 서로 통해 하나가 되는 경지라고 한다.

(『장자』 내편 제2장 〈제물론〉)

2. 마음이 밖으로만 달린다면 얻는 것은 죽음 뿐이다

도는 어디나 통하면서 하나로 만들지만, 그 도가 나뉘어지면 만물을 생성하기도 하고 소멸시키기도 한다. 그러나 이 나뉘어짐을 싫어하는 까닭은 그 나눔으로 인해 차별적인 개체를 갖추기 때문이며, 갖추어짐을 싫어하는 까닭은 개체가 분리된 실체로서 자리잡기 때문이다.

그러므로 마음이 밖으로만 달리면서 자기 본성으로 돌아오지 못하면 죽음을 보는 것이고, 마음이 밖으로만 작용하면서 뭔가를 얻었다면 그것은 죽음을 얻은 것이다. 단지 육체만 있고 본성을 잃었다면, 그것은 귀신과 매한가지다.

오직 형체가 있는 것(즉 육신)이 형체가 없는 것(즉 자연의 도)을 본받을 때만이 마음이 평정 상태에 도달할 것이다.

(『장자』 잡편 제23장 〈경상초〉)

3. 성인은 사물에 따르면서 편안하다

성인은 자연의 이치에 따르기 때문에 편안한 것이지, 자연을 거스르는 인위에서는 편안치 못하다. 반대로 범속한 사람들은 인위적인 것에서 편안하지, 자연의 이치에 따르는 데서는 편안치 못하다.

(『장자』 잡편 제32장 〈열어구〉)

제53장 도둑의 괴수

가령 내가 약간의 지혜라도 있어서 대도를 행한다면, 그때는 반드시 삿된 길로 들어서지 않도록 삼가하고 경계할 것이다. 대도는 평탄한 길인데도 사람들은 이 바른 길을 버리고 조그만 삿된 길을 좋아한다.

임금된 자가 대도를 지키지 않으면, 그 결과는 조정이 심하게 부패하고 논밭이 매우 황폐해지며 창고는 텅텅 비게 된다. 그런데도 화려한 비단옷을 입고, 날카로운 칼을 차고, 맛있는 음식을 질리도록 먹고, 재물이 남아돌도록 쌓아 놓는다면, 이런 자는 도둑의 괴수라고 할 수 있다.

동시에 이런 자는 백성들을 도둑이 되게끔 만드니, 사람들을 도둑질하게 가르치는 것은 대도에 크게 어긋나는 것이라서 스스로 멸망을 초래할 뿐이다.

1. 돼지의 처지와 자기의 처지

제사를 주관하는 관리가 예복을 차려입고 돼지 우리로 가서 돼지에게 말했다.

「너는 어째서 죽음을 싫어하느냐? 나는 석달 동안 너를 잘 기른 뒤에는 열흘 동안 몸과 마음을 깨끗이 하고 사흘 동안 부정타는 일을 멀리한다. 그리고나서 하얀 띠풀로 만든 자리를 깔고서 네 엉덩이 살과 어깨 살을 예쁘게 장식된 제사 그릇에 올려 놓고 제사를 지낼 것이다. 너는 그같은 영예를 누리고 싶지 않으냐?」

그러나 돼지의 처지를 불쌍히 여긴 사람은 이렇게 생각할 것이다.

「등겨나 지게미를 먹더라도 돼지 우리 안에서 사는 것이 나을 것이다.」

하지만 이런 사람도 자기를 생각할 때는 살아서 높은 벼슬의 부귀를 누릴 수만 있다면, 설사 죽어서 시체가 상여에 놓이고 관 속에 들어갈지라도 출세를 갈망할 것이다. 돼지를 위해 생각할 때는 부귀를 물리치지만, 자기를 위해 생각할 때는 부귀를 누리려하니, 어째서 돼지의 처지와 자기 처지를 달리 보는 것인가?

(『장자』 외편 제19장 〈달생〉)

2. 지극한 즐거움

천하에 지극한 즐거움이 있는가 없는가? 몸을 보호하고 목숨을 살릴 수 있는 방법이 있는가 없는가? 세상 사람들은 도를 몰라서 무엇을 버리고 취해야 하는지를 모른다. 즉 사람들은 지금 무엇을 하고, 무엇을 의지하고, 무엇을 피하고, 무엇에 거처하고, 무엇에 나아가고, 무엇을 버리고, 무엇을 즐기고, 무엇을 싫어하는가?

무릇 천하 사람들이 존귀하게 여기는 것은 부귀와 장수와 행운이고, 천하 사람들이 즐거워하는 것은 몸의 안락함, 입에 맞는 음식, 아름다운 옷, 예쁜 여자, 좋은 음악 등이다. 또 천하 사람들이 하천하게 여기는 것은 가난과 비천함, 죽음과 질병이며, 천하 사람들이 고통스럽게 여기는 것은 몸의 불편함, 입에 맞지 않는 음식, 아름답지 못한 옷을 입는 것, 눈으로 예쁜 여인을 보지 못하는 것, 귀로 좋은 음악을 듣지 못하는 것 등이다.

이처럼 육체상의 만족을 얻지 못하면 사람들은 크게 걱정하고 두려워하니, 육체를 위한 심혈의 낭비가 이토록 어리석구나! 부유한 사람들은 자신을 수고롭히면서까지 부지런히 일해서 수많은 재물을 쌓아두지만, 그 재물을 미처 다 쓰지도 못한다. 이처럼 재물이라는 외형적인 것에 허덕이면 지극한 즐거움과는 동떨어진 것이다. 또 지위가 높은 사람들은 밤낮으로 일을 잘했는지 못했는지 하는 생각에만 골몰하고 있으니, 이 역시 외형적인 데 속박된 것이라 지극한 즐거움과는 동떨어진 것이다.

세상 사람들은 태어나면서부터 걱정과 함께 살아가는데, 장수하는 자는 정신이 흐린 상태에서 줄기차게 걱정만 할 뿐 죽지도 못하니 얼마나 괴롭겠는가? 이 역시 장수라는 외형만을 위한 결과라서 지극한 즐거움과는 동떨어진 것이다.

열사烈士는 천하 사람들에게서 칭송을 받지만, 자신의 몸을 살리지는 못한다. 그래서 나는 이러한 착함이 진정한 착함인지 아닌지를 모르겠다. 만약 진정한 착함이라면 생명을 보존하기엔 부족한 것이고, 오히려 착하지 못한 것이 사람을 살릴 수 있는 것이다. 이 때문에 "충직하게 간해도 듣지 않으면 그냥 따르면서 다투지 말라"라고 한 것이다...

지금 세속 사람들이 하는 짓과 그들이 즐기는 짓이 정말로 진정한 즐거움인지 아닌지를 나는 모르겠다. 내가 보기에 세속 사람들의 즐거움이란 떼를 지어 달려가면서 죽어도 그만두지 못하겠다는 식이다. 그러면서도 그들은 '즐겁다'고 말하는데, 나는 그것이 즐겁다고도 생각지 않고 즐겁지 않다고도 생각지 않는다. 과연 진정한 즐거움이란 있는 것인가 아니면 없는 것인가?

　나는 무위無爲를 진정한 즐거움으로 삼고 있지만, 세속 사람들은 그것을 커다란 고통으로 여긴다. 그래서 "지극한 즐거움이란 일체 외형상의 즐거움을 잊은 것이며, 지극한 명예란 외적인 화려한 명예를 버린 것이다"라고 하는 것이다.

(『장자』 외편 제18장 〈지락〉)

제54장 덕을 닦아라

천하에서 유형有形의 것은 쉽게 뽑혀지며, 유형으로 감싼 것은 쉽게 일탈한다. 오직 훌륭히 덕을 세우고 도를 지킨 사람만이 뽑히지도 않고 일탈하지도 않는다. 만약 이 도리를 대대로 준수할 수만 있다면, 자손들이 종묘에 제사지내는 것이 대대로 이어지면서 결코 단절되지 않을 것이다.

이러한 도로써 내 몸을 닦아야만 그 덕이 충실해지고, 이러한 도로써 집안을 다스려야만 그 덕이 넘쳐서 여유가 있고, 이러한 도로써 고을을 다스려야만 그 덕이 지속될 수 있고, 이러한 도로써 나라를 다스려야만 그 덕이 풍부해지고, 이러한 도로써 천하를 다스려야만 그 덕이 보편적으로 퍼진다.

이처럼 덕을 닦아 놓으면, 내 몸의 덕을 통해 남의 몸을 관찰할 수 있고, 내 집안의 덕을 통해 남의 집안을 관찰할 수 있고, 내 고을의 덕을 통해 남의 고을을 관찰할 수 있고, 내 나라의 덕을 통해 남의 나라를 관찰할 수 있고, 현재에 있는 천하의 덕을 통해 과거나 미래의 천하를 관찰할 수 있다. 내가 어떻게 천하의 정황을 안다고 말할 수 있는가? 바로 이러한 도리 때문이다.

* 사람의 아홉가지 특징

공자가 말했다.

> 「대체로 사람의 마음이란 산이나 강보다 험하고, 천도를 아는 것보다
> 어렵다. 하늘에는 봄, 여름, 가을, 겨울이라는 계절의 변화와 아침과
> 저녁이라는 시기의 구별이 있지만, 사람은 속마음은 깊이 감춰둔 채
> 외모만을 꾸미기 때문이다.」

그러므로 용모는 젊잖게 보이지만 속마음은 교만한 자가 있고, 재능은
남보다 뛰어났으면서도 모자란듯 보이는 사람이 있으며, 순하고 조급한
듯 보이지만 속으론 사리에 통달한 사람이 있고, 겉으론 강하게 보이지
만 속으론 부드러운 사람이 있으며, 겉은 느려 보이지만 속으론 성급한
사람이 있다.

따라서 목마른 듯 의義를 향해 나아가는 자는 뜨거운 것에 데인 듯
의義를 저버리기 마련이다. 이 때문에 군자를 임용할 때는 먼 곳으로 심
부름을 보내서 얼마나 충성심이 있는지 살피고, 가까이 두고 쓰면서 얼
마나 공경하는지 살펴 보고, 번거로운 일을 시켜서 얼마나 능력이 있는
지 살피고, 갑자기 질문을 해서 얼마나 지혜로운지 살펴 보고, 중요한
약속을 해서 얼마나 신용이 있는지 살피고, 재물을 맡겨서 얼마나 어진
마음이 있는지 살피고, 위험을 알려서 얼마나 절개가 있는지 살펴 보고,
술에 취하게 해서 얼마나 절도가 있는지 살펴 보고, 남녀가 섞여 있는
곳에 두고서 얼마나 정조가 있는지 살핀다. 이 아홉 가지를 시험해 보면,
어리석은 사람을 알아볼 수 있다.

(『장자』 잡편 제32장 〈열어구〉)

제55장 어린애의 덕

갈무리한 덕이 깊고 두터운 사람은 천진무구한 어린애에 비길 수 있다. 지극한 덕은 부드럽고 유순해서 마치 어린애같기 때문이다. 이같은 사람은 독충에게도 물리지 않으며, 맹수에게도 해를 입지 않으며, 사나운 새에게도 다치지 않는다. 그의 뼈와 근육은 부드럽고 약하지만 쥐는 힘은 굳건하다. 암컷과 수컷이 교합하는 일에 대해선 알지 못하지만 생식기는 항상 발기하니, 이는 정기가 지극하기 때문이다. 또 종일토록 울어도 목이 쉬질 않으니 조화로운 기운이 지극하기 때문이다.

이 순박한 조화의 도리를 아는 것을 상常이라 하고, 이 상常을 아는 것을 명明(밝음)이라 한다. 생명에 군더더기를 붙이는 것을 재앙이라 하고, 욕심으로 정기를 부리는 것을 부자연스런 억지라고 한다. 사물이 부자연스런 억지를 부리면 쇠퇴하기 마련이니, 이를 도에서 벗어났다고 말한다. 도에서 벗어나면 생명은 일찍 끝나기 마련이다.

1. 애태타

노나라의 애공哀公이 공자에게 물었다.

「위나라에 얼굴이 추악한 사람이 있는데, 그 이름이 애태타哀태타라고
합니다. 그런데 그와 함께 지낸 사람들은 그를 사모하여 떠나질 못하
고, 그를 본 여인들은 '다른 사람의 아내가 되기보다는 차라리 그 분의
첩이 되겠다'고 부모에게 간청을 한다는데 그런 여자가 몇십명이나 된
다고 합니다.
하지만 아직까지도 그가 어떤 주장을 하는 것을 아무도 들은 적이 없으
며, 그는 늘 남의 의견에 동조할 뿐이랍니다. 군주의 지위에 있으면서
사람들의 죽음을 구제해준 적도 없고, 쌓아둔 재물이 있어서 사람들의
배를 채워준 적도 없다고 하오. 더욱이 그 추악한 모습은 천하를 놀라
게 할 정도이며, 남에게 동조는 하면서도 자기 주장은 하지 않으며, 그
지식도 나라 안에 한정될 정도요. 그런데도 수많은 남녀들이 그 앞에
모여들고 있으니, 분명 남과 다른 점이 있기 때문일 것이오.
그래서 나도 그를 불러서 직접 만나 보았는데, 과연 그 추악한 모습은
천하를 놀라게 할 정도였소. 그러나 나와 함께 지낸지 한 달도 안되서
나는 그의 사람됨에 끌렸으며, 1년도 안되서 그를 믿게 되었소. 마침
나라에 재상이 없어서 그에게 국정을 맡기려 했더니, 그는 내키지 않는
듯 마지못해 응락했으나 그 멍한 모습이 사양하는 것도 같았소. 나는
부끄럽긴 했지만 결국 그에게 국정을 맡기고 말았소. 하지만 그는 얼마
안가서 내게서 떠나가 버렸소이다. 나는 마음이 서글픈 게 마치 소중한
것을 잃은 듯 했으며, 나라를 다스리는 즐거움을 함께 누릴 사람이 없
어진 것 같았소. 그는 도대체 어떤 사람인가요?」

공자가 대답했다.

「저는 언젠가 초나라에 사자로 간 적이 있는데, 그때 마침 돼지 새끼가
죽은 어미 젖을 빨고 있는 광경을 보았습니다. 잠시 후 돼지 새끼들은

깜짝 놀라서 모두 어미를 버리고 달아났습니다. 어미가 예전처럼 자신들을 돌보아주지 않고, 어미의 모습도 예전과는 달랐기 때문입니다. 즉 어미를 사랑한 것은 어미의 외형을 사랑한 것이 아니라, 그 외형을 주재하는 마음을 사랑한 것입니다.

비유컨대, 싸우다 죽은 자는 장례를 치를 때 장식을 꾸민 관을 쓰지 않고, 형벌로 발이 잘린 사람에겐 신발을 보낸들 그 신발을 좋아하지 않으니, 이는 관의 장식이나 신발을 필요로 하는 근본이 없어졌기 때문입니다. 천자의 후궁이 되면 그 아름다운 몸을 보존하기 위해 손톱도 깎지 않고 귓구멍도 뚫지 않으며, 새롭게 장가를 든 사람은 아내를 위해 집에서 쉬게 하고 부역도 빼줍니다. 이처럼 외형만 온전해도 이같은 사랑을 받는데, 하물며 온전한 덕을 갖춘 사람이라면 말해 무엇하겠습니까? 지금 애태라는 말을 하지 않아도 다른 사람의 신임을 얻고, 공적이 없는데도 다른 사람이 친밀해 오고, 남이 자기 나라를 맡기면서도 받지 않을까 걱정할 정도입니다. 이는 분명 재능이 온전하면서도 그 덕이 밖으로 드러나지 않는 사람입니다.」

(『장자』 내편 제 5장 〈덕충부〉)

2. 온전한 덕

기성자紀*子라는 현인이 제나라 왕을 위해 싸움닭을 기르고 있었다. 열흘이 지나자, 제나라 왕이 기성자에게 물었다.

「닭이 이젠 싸울 수 있습니까?」
「아직 멀었습니다. 공연히 허세만 부리고 사납기만 해서 자기 힘만 믿고 있습니다.」

열흘이 지나서 왕이 다시 묻자, 기성자가 대답했다.

「아직 멀었습니다. 다른 닭의 모습이나 목소리만 들어도 당장 덤벼들려고 합니다.」

다시 열흘이 지나서 왕이 묻자, 기성자는 이렇게 대답했다.

「아직은 아닙니다. 상대를 노려보면서 여전히 기운을 돋구고 있습니다.」

다시 열흘이 지난 뒤 왕이 묻자 이렇게 대답했다.

「이 정도면 되겠습니다. 다른 닭의 울음 소리가 들려도 아무 변화가
없는 것이 마치 나무닭처럼 보입니다. 그 덕이 온전해진 것이니, 다른
닭들이 감히 덤비지 못하고 도리어 도망칠 것입니다.」

(『장자』 외편 제19장 〈달생〉)

3. 갓 태어난 송아지처럼

요 임금 시대의 스승 설결齧缺이 피의被衣에게 도를 묻자, 피의가 대답
했다.

「그대의 몸을 단정히 하고 그대의 시선을 하나로 집중한다면, 자연의
조화로운 기운이 이를 것이다. 또 그대의 지식을 거두어들이고 그대의
그대의 사념을 전일하게 하면, 신령스러운 기운이 깃들 것이다. 이렇게
만 된다면 덕은 그대의 아름다움이 될 것이며, 도는 그대의 거처하는
집이 될 것이니, 이 때는 갓 태어난 송아지처럼 무심히 바라볼 뿐 그
까닭을 찾지 말라.」

그런데 피의의 말이 끝나기도 전에 설결은 어느새 졸고 있었다. 이 광
경을 본 피의는 크게 기뻐하면서 이런 노래를 부르며 떠나갔다.

몸은 마른 나무와 같고
마음은 꺼진 재와 같구나.
참으로 실다운 지혜가 있으면서도
스스로는 그것을 자랑하지 않는구나.
있는 듯 없는 듯 흐리멍덩한 채
너무나 무심해서 함께 얘기할 수도 없으니
이런 사람은 도대체 어떤 사람인가?

4. 그림자, 형체, 정신

망량罔兩[47]이 그림자에게 물었다.

「그대는 아까는 걸어가더니 지금은 멈춰 서있고 아까는 앉아있더니 지금은 서있으니, 어째서 그렇게 지조가 없는가?」

그림자가 대답했다.

「내가 의존하는 바가 있어서 그렇겠죠. 하지만 내가 의존하는 것도 마찬가지로 다른 것에 의존해서 그렇게 되는거요. 내가 의존하는 것은 마치 뱀을 움직이게 하는 뱀의 비늘과 같고, 하늘을 날게 하는 매미의 날개와 같다고 할까? 하지만 내 어찌 그렇게 움직이는 까닭을 알겠으며, 내 어찌 그렇게 움직이지 않는 까닭을 알겠는가?」

(『장자』 내편 제2장 〈제물론〉)

---

47) 그림자 곁에 생기는 엷은 그림자.

5. 자연의 본성에다 덧붙히지 말라

장자가 말했다.

「내가 말하는 무정無情한 사람이란 좋아하고 싫어하는 감정으로 자기
의 천성을 해치지 않고, 단지 자연의 변화에 따를 뿐 인위로써 자연의
본성에다 덧붙히지 않는 사람이다.」

(『장자』 내편 제5장 〈덕충부〉)

제56장 오묘한 합일

도를 아는 자는 도에 대해 말 못하고, 말하는 자는 도를 알지 못한다. 도를 아는 자는 욕망의 길을 차단하고 욕망의 문을 막아버린다. 그리하여 그 날카로운 예봉을 꺾고 엉켜버린 갈등을 풀어버리며, 그 빛과 융화하고 세속의 티끌에 동화하니, 이를 현동玄同[48]이라 한다.

이 현동의 경지에 도달한 사람은 친밀함과 소원함을 구분하지 않고, 이익과 손해를 구분치 않으며, 귀하고 천함을 나누지 않으니, 이 때문에 천하에서 가장 존귀한 사람이 되는 것이다.

---

48) 궁극적으로 만물과 일체가 되는 만물제동(萬物齊同)의 현묘한 경계.

1. 도를 아는 사람은 도를 얘기하지 않고, 도를 얘기하길 좋아하는 사람은 도를 모르는 것이다

　세상 사람들은 문자로 기록된 책에서 본 도를 귀중히 여긴다. 그러나 문자의 기록은 말에 지나지 않는 것이니, 결국 말을 귀중히 여기는 것이다. 말을 귀중히 여기는 까닭은 그 말에 담긴 뜻 때문이니, 뜻에는 표현하려는 내용이 담겨 있다. 그러나 말로써 전할 수 없는 내용이 있는데도 세상 사람들은 말을 소중히 여겨서 책을 지어 전한다. 이처럼 사람들은 책을 귀중히 여기지만 사실은 귀중히 여길만한 것이 못된다. 사람들이 귀하게 여긴다고 해서 진실로 귀중한 것은 아니다.

　그러므로 눈으로 볼 수 있는 것은 사물의 형태와 빛깔 뿐이며, 귀로 들을 수 있는 것은 명칭과 소리 뿐이다. 슬프다! 그런데도 세상 사람들은 그 형태와 빛깔과 명칭과 소리로써 도의 참모습을 알 수 있다고 생각하누나. 무릇 형태와 빛깔과 명칭과 소리로써 도의 참모습을 알 수 없다면 '아는 자는 말 못하고 말하는 자는 알지 못하는 것'이니, 세상 사람들이 어찌 이 사실을 안단 말인가?

　어느날 제나라 환공桓公이 대청에서 책을 읽고 있었다. 그때 대청 아래서는 수레바퀴를 만드는 목수가 바퀴를 깎고 있었는데, 그는 망치와 끌을 놓으면서 환공에게 물었다.

　「감히 묻건대, 지금 읽으시는 책엔 어떤 말이 쓰여 있습니까?」

　환공이 대답했다.

　「성인의 말씀이 쓰여있네.」
　「그 성인은 지금 살아 계십니까?」
　「이미 돌아가셨네..」

「그렇다면 왕께서 읽고 계신 것은 옛사람이 뱉어놓은 찌꺼기군요.」
「내가 책을 읽고 있는데, 수레바퀴나 만드는 목수 따위가 어찌 이러쿵 저러쿵 한단 말인가? 이유를 대서 맞으면 용서하겠지만, 맞지 않으면 죽이겠다.」
「저는 제가 하는 일을 예로 들어서 말씀드리겠습니다. 수레바퀴를 깎을 때 너무 깎으면 헐거워서 끼우기는 쉬우나 튼튼하지가 못하고, 덜 깎으면 빡빡해서 잘 들어가지가 않습니다. 더 깎지도 않고 덜 깎지도 않는 일은 손에 익고나서 마음에 감응하는 것이지 입으로는 말할 수가 없는 것입니다. 여기엔 어떤 무언가가 있지만, 저는 그것을 제 자식에게도 가르쳐줄 수 없고, 제 자식 역시 제게서 이어받을 수 없습니다. 그래서 제 나이 70인 늙은이인데도 여전히 수레바퀴를 깎고 있는 겁니다. 옛사람도 전해줄 수 없는 그것과 함께 죽어버렸으니, 그렇다면 왕께서 읽고 계신 것은 옛사람의 찌꺼기일 뿐입니다.」

(『장자』 외편 제13장 〈천도〉)

형체가 없는 무형에서 형체가 있는 유형이 되는 것을 생生이라 하고, 그 유형이 다시 무형으로 돌아가는 것을 죽음이라 한다. 이는 누구나 다 알고 있는 것이지만 도를 구하는 사람만은 염두에 두지 않으며, 이는 뭇 사람들이 모두 논의하고 있지만 도를 구하는 사람만은 논하지 않는다.

(『장자』 외편 제22장 〈지북유〉)

2. 도를 말하지 않는다.

장자가 말했다.

「도는 알기는 쉽지만 발설하지 않기란 어렵다. 알면서도 말하지 않는 것은 천도를 따르는 것이며, 안다고해서 말하는 것은 인위를 따르는 것이다. 옛사람은 천연의 도를 따랐지 인위적인 일을 좇지는 않았다.」

(『장자』 잡편 제32장 〈열어구〉)

3. 앎의 상대론

설결이 왕예王倪에게 물었다.

「선생님은 만물이 서로 똑같은 원인을 아십니까?」

왕예가 대답했다.

「내가 어찌 알겠는가?」
「선생님은 선생님이 모르고 있다는 사실을 알고 계십니까?」
「내가 어찌 알겠는가?」
「그렇다면 사물이란 알 수 없는 것입니까?」
「내가 어찌 알겠는가? 하지만 일단 시험삼아 말해보겠네. 내가 안다고
한 것이 실제로 모르지 않는 것인 줄 어찌 알겠으며, 내가 모른다고
한 것이 실제로 알지 못하는 것인 줄 어찌 알겠는가?
그럼 시험삼아 그대에게 물어보겠네. 사람은 습기 찬 곳에서 자면 요통
이 생겨 반신불수로 죽지만, 미꾸라지도 그렇던가? 나무 위로 올라가면
몸이 떨리고 두근거리지만 원숭이도 그렇던가? 이 셋 중에서 누가 올
바른 거처를 알고 있는 걸까?
또 사람은 채소와 육류를 먹으며, 순록은 풀을 먹으며, 지네는 뱀을 맛
있게 먹고, 올빼미는 쥐를 좋아하는데, 이 넷 중 어느 것이 올바른 맛을
아는걸까?
또 편저猵狙(원숭이의 일종)는 암원숭이를 배우자로 삼고, 순록은 사슴
을 배우자로 삼고, 미꾸라지는 물고기와 노니는 법이네. 사람들은 모장
毛嬙이나 여희麗姬를 아름답다고 하지만, 물고기는 그녀들을 보면 물
속 깊이 들어가고, 새는 그녀들을 보면 하늘 높이 날아가고, 순록은 그
녀들을 보면 결사적으로 도망치니, 이 넷 중에서 어느 누가 천하의 올
바른 아름다움을 아는 것일까?
나의 관점에서는 인의의 발단이나 시비의 갈림은 어수선이 뒤섞여서
어지럽기만 하니, 내 어찌 그것들의 구별을 알 수 있겠는가?」
「선생님은 이미 이해관계와 시비의 구별을 모르는데, 지인至人도 마찬

가지입니까?」

「지인은 신령스럽다. 커다란 늪가의 산림이 불에 타도 그를 뜨겁게 할
수 없고, 강물이 얼어붙어도 그를 춥게 할 수 없고, 벼락이 산을 부수고
바람이 바다를 흔들어도 그를 놀라게 할 수는 없다.
그같은 사람은 구름을 타고 해와 달을 몰면서 사해四海 밖에서 노닐기
때문에 삶과 죽음도 그를 변화시키지 못하거늘 하물며 이해관계나 시
비 따위를 가리겠는가?」

(『장자』 내편 제2장 〈제물론〉)

도를 알지 못하는 사람은 진정한 지혜가 있고, 도를 안다는 사람은 오
히려 아는 바가 없다. 어느 누가 이 알지 못하는 앎을 이해하고 있는가?

(『장자』 외편 제22장 〈지북유〉)

4. 유현한 덕

증삼이나 사추의 충성스런 행위를 깎아내고, 양주나 묵적의 허황한 말
을 막아버려서 인의와 예악에 대한 얘기를 물리쳐 버리면, 천하 사람들
의 덕이 비로소 현동玄同의 경지에 이를 것이다.

(『장자』 외편 제10장 〈거협〉)

5. 사랑도 미움도 이르지 못한다

송영자宋榮子라는 사람은 세상 사람들 모두가 그를 칭찬해도 특별히
더 애쓰지도 않고, 세상 사람들 모두가 그를 비방해도 특별히 그만두려
고 하지도 않는다. 그는 안팎의 구분을 명확히 하고 영예와 치욕의 참뜻
을 가려낼 뿐이다.

(『장자』 내편 제1장 〈소요유〉)

제57장 정치

　　나라는 정도正道로써 다스려야 하지 기이한 책략을 써선 안되고, 군사 작전은 기발한 전술을 써야 하지 정도로만 대해서도 안된다. 하지만 정도로 나라를 다스린다 해도 유위의 정치에 불과하고, 기발한 군사 작전을 쓴다 해도 일시적인 변화에 불과하니, 이런 것들은 천하를 다스리는데는 적당치 않은 것이다. 천하를 다스리는데는 반드시 무위로써 해야 한다. 내가 어떻게 그런 줄을 아는가? 그 이유는 바로 다음과 같다.

　　천하에 금기 사항이 많으면 백성들은 안심하고 활동하기가 힘드니, 그 결과 생활은 더욱 궁핍해진다. 정부가 권모술수를 많이 쓸수록 서로간에 헤게모니를 다투게되니, 나라는 더욱더 혼란에 빠진다. 높은 자리에 있는 사람이 기교를 너무 많이 쓰면, 백성들이 거짓을 일삼게 되어 사악한 일들이 끝없이 일어난다. 법과 제도가 너무 엄하기만 하면 사람들의 자유를 속박하게 되며, 그 결과 삶을 영위하기가 힘들어 도둑들이 속출하게 된다.

　　그러므로 성인은 이렇게 말한다.

　　「내가 무위인 채로 있으니 백성들은 저절로 교화되고, 내가 고요함을 좋아하니 백성들은 저절로 올바라지고, 내가 일없이 있어도 백성들은 저절로 풍요해지고, 내가 아무 욕심이 없으니 백성들은 저절로 소박해진다.」

1. 기교적인 마음을 벗어나라

자공子貢이 남쪽 초나라로 유람을 갔다가 진나라로 돌아오는 도중에 한수漢水 북쪽 지나다가 한 노인이 밭을 갈고 있는 광경을 보았다. 노인은 고랑을 판 후 우물에 들어가서 물동이로 물을 길어다 밭에다 주었다. 무척 애를 쓰면서 부지런히 했지만 일의 진척은 별로 없었다. 자공이 노인에게 말했다.

「여기 기계가 있으면 하루 백이랑이라도 물을 댈 수 있을거요. 별로 힘을 들이지 않아도 일은 빨리 진척될 것이오. 노인장께선 그렇게 하고 싶지 않습니까?」

노인이 자공을 쳐다보면서 물었다.

「그건 어떻게 만드는거요?」
「그건 나무를 파서 만드는 기계인데, 뒤쪽은 무겁고 앞쪽은 가볍게 합니다. 물을 끌어올려서 내보내는 것인데, 물이 넘칠듯이 빠르게 흘러가죠. 이 기계의 이름은 용두레라고 합니다.」

밭일을 하던 노인은 화난 표정을 지었다가 이내 웃으면서 말했다.

「나는 스승에게 이렇게 들었소-기계란 것을 쓰면 반드시 기교를 필요로 하는 일이 있게 되고, 기교를 필요로 하는 일이 있게 되면 반드시 기교를 쓰는 마음이 있게 되고, 기교를 쓰는 마음이 가슴 속에 있게 되면 순백純 白의 마음이 갖추어지지 않게 되고, 순백의 마음이 갖추어지지 않으면 정신의 활동이 안정되질 못하며, 정신의 활동이 안정되지 않으면 도를 담을 수가 없다.
나는 그 기계를 모르는 것이 아니라 부끄러워서 쓰지 않는 것이오.」

자공은 부끄러움으로 얼굴이 달아올라서 고개를 숙인 채 잠자코 있었다. 밭일을 하던 노인이 다시 물었다.

「그대는 어떤 사람이가?」
「저는 공자의 제자입니다.」
「그대가 바로 많이 배웠다고 해서 성인의 흉내를 내고, 허황된 말로 대중들을 혼란스럽게 하고, 홀로 거문고를 타고 애달픈 노래나 부르면서 천하에 명성을 팔려는 자로구만. 그대가 자신의 신기神氣(정신의 기운)를 잊고 육체마저 떨쳐버린다면, 아마 도에 가까우리라. 그러나 그대는 자신조차 다스리질 못하면서 어찌 천하를 다스릴 겨를이 있단 말인가? 그만 물러가게나, 내 일을 방해하지 말고.」

자공은 참담한 안색으로 황급히 그곳을 빠져나와 30리를 간 뒤에야 제정신이 들었다. 자공의 제자들이 그에게 물었다.

「아까 그 분은 어떤 사람입니까? 어째서 그 분을 뵌 뒤로 안색이 창백해진 채 하루종일 어쩔 줄을 모르시는 겁니까?」

자공이 대답했다.

「애초에 나는 천하에는 공자같은 분 하나 밖에 없다고 생각했지, 저런 분이 있다고는 생각지도 못했다. 나는 공자에게 "일은 올바른 것을 찾고 공功은 성취되길 구해서 힘을 덜 들이고도 공적은 많은 것이 성인의 도이다"라고 배웠다. 그런데 지금 저 분은 그렇지가 않구나. 도를 지닌 사람은 덕이 온전하고, 덕이 온전한 자는 형체가 온전하고, 형체가 온전한 자는 정신이 온전하니, 정신이 온전한 것이 성인의 도이다.
성인은 삶을 자연에 의탁한 채 백성들과 함께 살아가면서도 어디로 가는지 알지 못하며, 그저 무심히 순박한 삶을 영위하고 있다. 그래서 공리적이거나 기교적인 마음 따위는 완전히 잊고 있으니, 그같은 분은 뜻이 내키지 않으면 어디든 가지 않고 마음에 맞지 않으면 어떤 일도 하지 않는다. 비록 온천하가 그를 칭송하면서 그의 말을 따른다 해도 초연히 돌아보지 않으며, 비록 온천하가 그를 비난하면서 그의 말을 어기더라도 태연히 구애받지 않는다. 온천하가 비난을 하건 칭송을 하건 어떤 이익도 손해도 없으니, 이런 사람을 덕이 온전한 사람이라고 부른다. 이에 비하면 나는 바람에 출렁이는 물결같은 존재에 불과하네.」

(『장자』 외편 제12장 〈천지〉)

2. 범죄의 원인

백구伯矩는 노자에게 도를 배웠는데, 어느날 노자에게 말했다.

「청컨대 천하를 돌아다니면서 구경하고 싶습니다.」

노자가 대답했다.

「그만두게나. 천하라고 해서 여기와 다를 바가 없다.」

그러나 백구가 거듭 청하자, 노자는 그에게 물었다.

「그럼 그대는 어디서부터 다니고 싶느냐?」
「제나라부터 다니고 싶습니다.」

결국 백구는 제나라를 갔는데, 거기서 그는 사형을 당한 죄인을 보았다. 그는 시체를 바로 일으켜 자기가 입은 예복을 덮어주고는 하늘을 향해 통곡했다.

「그대여! 그대여! 천하에 큰재앙이 있는데 그대가 먼저 걸려들었구나.」

그리고는 시체를 땅에다 누이면서 다시 말했다.

「도둑질을 했는가? 아니면 사람을 죽였는가? 세상에 영광과 오욕이 있고난 뒤로 수많은 병폐가 있게 되고, 재물을 모으면서부터 수많은 투쟁이 일어났다. 지금 천하를 다스리는 위정자는 사람들의 병폐인 영광과 오욕을 내세우고 사람들이 투쟁을 일삼는 재물을 모으면서 사람들의 몸을 쉴 사이 없이 괴롭히고 있으니, 이런 꼴을 당하지 않으려 한들 그것이 가능하겠는가?

옛날에 천하를 다스린 군주는 공적이 있으면 백성들이 노력한 결과라고 여겼고, 공적이 없으면 자기 탓으로 돌렸다. 또 정치가 올바로 행해지면 백성들이 법을 잘 지켰기 때문이라고 여겼고, 정치가 잘 이루어지지 않으면 자기의 죄라고 생각했다. 이 때문에 백성 중에 한사람이라도 잘못이 있으면 스스로 자리에서 물러나 자신을 꾸짖었던 것이다.

그러나 요즘은 그렇지가 않다. 고의로 물건을 숨겨두고서 이를 알아내지 못하면 어리석다고 질책하고, 일부러 어려운 일을 시킨 뒤 그 일을 해내지 못하면 죄를 주고, 고의로 중대한 임무를 맡겨놓고는 그 일을 감당하지 못하면 벌을 주고, 먼 길을 가게 해놓고 도착하지 못하면 죽음을 내린다.

백성들의 지혜가 이미 법규를 지키기가 힘이 들면, 자연히 거짓이 생기기 마련이다. 예컨대 위정자가 허구헌 날 백성을 기만하고 있는데, 백성인들 어찌 위정자를 속이지 않겠는가? 한 사람의 역량이 부족하면 거짓을 낳게 되고, 지혜가 부족해도 거짓을 낳게 되고, 재물이 부족하면 도둑질을 하게 마련이다. 그렇다면 도둑질하는 행동에 대해 도대체 누구를 책망해야 옳은가?」

(『장자』 잡편 제25장 〈칙양〉)

제58장 화와 복은 순환한다

　　무위의 정치는 흐리멍덩한 것처럼 보이지만, 실제로 백성들의 생활은 안정되고 그 덕도 순박해진다. 유위의 정치는 분명한 듯 보이지만, 실제로 백성들의 생활은 속박되고 그 덕도 천박해진다.

　　화禍의 이면에는 복福이 숨겨져 있고, 복의 이면에는 화가 잠복해 있기 마련이다. 이처럼 화와 복은 순환하는 것이니, 어느 누가 그 궁극을 알 수 있겠는가? 화와 복은 일정하지가 않은 것이다! 마찬가지로 정직한 것이 갑자기 거짓된 것으로 변하고, 선량한 것이 갑자기 사악한 것으로 변하는 것이다. 그런데도 세상 사람들은 이러한 이치를 알지 못하고 고정관념 속에 빠져서 오랫동안 미혹되어 왔다.

　　그러므로 오직 성인만이 이같은 고정관념을 벗어나서 무위로써 행할 수 있는 것이니, 성인은 스스로 방정方正하다고 해서 남들을 억지로 자기에 맞추려하지 않으며, 스스로 예리하다고 해서 남들을 상하게하지 않으며, 스스로 솔직하다고 해서 남들에게 방자하지 않으며, 스스로 밝다고 해서 남들을 현혹하지 않는다.

제59장 뿌리는 깊고 줄기는 튼튼하다

　　사람을 다스리고 하늘을 섬기는데는 마음을 알뜰히 해서 지혜를 살피는 것이 최고이다. 오직 마음을 알뜰이 하고 지혜를 살필 때만이 도에 빨리 복귀할 수 있으니, 이 도에 빨리 복귀하는 것을 덕을 돈독히 쌓는 것이라고 말한다. 덕을 돈독히 쌓으면 극복하지 못하는 것이 없고, 극복하지 못하는 것이 없으면 그 역량은 무궁해서 끝이 없는 것이다. 그 역량이 무궁하면 나라와 집안을 다스릴 수 있고, 나라를 다스리는 이치를 장악하면 영원히 지속할 수 있다. 이것을 일러 '뿌리를 깊게 하고 줄기는 튼튼하게 한다'고 하니, 바로 영원히 삶을 누리는 도리인 것이다.

1. 정신을 기르는 도

날카로운 마음가짐과 고상한 행동으로 세속을 벗어나서 고담준론高談俊論으로 세상을 원망하고 남들을 비방하는 것은 스스로 잘난 척하는 짓이니, 이런 짓을 좋아하는 사람들은 산골짜기에 은거한 사람, 세상을 비난하는 사람, 지친 몸으로 자신의 결백을 위해 깊은 못에 몸을 던지는 사람들이다.

인의와 충신忠信을 말하고 공경하고 겸양하는 것은 자신을 닦는 짓이니, 이런 일을 좋아하는 사람들은 세상의 평화를 원하는 선비, 남들을 깨우치고 가르치는 사람, 한가롭게 사는 학자들이다.

크나큰 공로를 말하고 위대한 명예를 세우면서 왕과 신하간의 예의를 정하고 상하의 명분을 바로잡는 것은 정치를 하는 짓이니, 이런 일을 좋아하는 사람들은 조정에서 일하는 사대부, 군주를 받들어 나라를 강화시키는 사람, 공을 세워서 남의 나라를 삼키는 사람 등이다.

인적이 없는 산림 속으로 들어가거나 넓은 들에서 살면서 한가롭게 낚시질이나 하는 것은 그저 아무 것도 하지 않는 것이니, 이런 짓을 좋아하는 사람들은 강이나 바다에 은거한 사람이거나 세상을 피하여 사는 사람이거나 일없이 한가한 사람들이다. 숨을 내쉬고 들이쉬면서 묵은 공기를 토하고 새로운 공기를 마시며, 곰이 나뭇가지에 매달리듯 새가 목을 길게 빼듯이 운동을 하는 것은 장수하려고 하는 짓이니, 이런 짓을 좋아하는 사람들은 도인술導引術을 하는 선비나 육체를 단련하는 사람이거나 팽조彭祖처럼 오래 살려는 사람들이다.

그러나 만약 마음을 날카롭게 하지 않아도 행동이 고상하고, 인의에 애쓰지 않아도 몸이 수양되고, 공적을 내세우지 않아도 나라가 다스려지고, 강이나 바다에 은거하지 않아도 저절로 한가롭고, 도인술을 익히지 않아도 오래산다면, 이는 모든 걸 잊는 동시에 모든 걸 소유한 것이다.

그렇게되면 마음이 한없이 편안해서 온갖 미덕이 따를 것이니, 이것이 바로 천지의 도이며 성인의 덕인 것이다.

그래서 옛말에도 "염담恬淡, 적막寂漠, 허무虛無, 무위無爲는 천지의 근본이요 도덕의 본질이다"라고 한 것이며, 또 "그러므로 성인은 이 네가지에서 쉰다"라고 한 것이다. 마음이 쉬면 평정해지고, 마음이 평정해지면 담담해진다. 평정하고 담담한 마음에는 우환이나 삿된 기운이 침입할 수가 없으니, 따라서 덕이 온존해지고 정신도 훼손되지 않는 것이다.

그러므로 옛말에도 "성인은 살아서는 자연의 천도를 따르고 죽어서는 사물의 변화에 따르며, 고요히 있을 때는 음기陰氣의 덕과 합일하고 움직일 때는 양기陽氣의 물결과 조화를 이룬다. 또 복을 짓는 시초인 선善을 행하지도 않고, 화를 일으키는 시초인 악惡을 짓지도 않는다. 사물을 느낀 뒤에야 상응하고, 사물이 닥쳐온 뒤에라야 움직이며, 부득이한 뒤에라야 일어나고, 지식과 기교를 버리고서 하늘의 이치에 순응한다.

따라서 성인은 하늘의 재난을 받지 않고, 사물의 속박도 받지 않으며, 남의 비난도 받지 않고, 귀신이 내리는 벌도 받지 않는다. 그는 살아서는 무심한 마음으로 세상에서 노닐며, 죽어서는 마치 휴식을 취하는 듯 고요하다. 이런저런 사려분별도 하지 않고, 뭔가 앞질러 생각해서 도모하지 않으며, 빛나면서도 그 광채를 드러내지 않고, 신뢰성이 있지만 일을 먼저 기약하지는 않는다. 또 잠들었을 때는 꿈을 꾸지 않으며, 깨어났을 때는 걱정이 없으니, 그 정신은 종일토록 순수하고 영혼도 지치지를 않는다. 그리하여 마음이 텅 비고 담담해진 뒤에야 비로소 하늘의 덕天德과 합일하는 것이다........

그러므로 옛말에도 "순수해서 뒤섞이지 않고, 고요하고 한결같아서 변함이 없으며, 담담해서 어떤 작위도 없고, 움직이면 자연의 천도에 따르니, 이것이 바로 정신을 기르는 도이다.

(『장자』 외편 제15장 〈각의〉)

2. 온전한 재능

애공哀公이 물었다.

「온전한 재능이란 무엇을 말하는 걸까요?」

공자가 대답했다.

「삶과 죽음, 빈곤과 풍요, 현명함과 어리석음, 비난과 칭송, 굶주림과
목마름, 추위와 더위는 사물의 변화이자 천명의 흐름인데, 밤낮 눈 앞
에서 교대로 나타나지만 우리의 지혜로는 그 시원始源을 헤아릴 수 없
습니다. 그러므로 재능이 온전한 사람에겐 그런 것들이 마음의 조화를
어지럽히지 못하고 영혼의 집靈府으로 들어올 수도 없습니다.
가령 온화하고 유쾌한 기운이 유통해서 마음의 즐거움을 잃지 않는다
면, 또 만약 밤낮으로 일말의 틈도 없이 사물과 더불어 봄기운 속에서
노닌다면, 이런 사람이야말로 만물과 접하면서 마음 속에 봄기운을 발
생하는 사람입니다. 재능의 온전함이란 바로 이런 것을 말합니다.」

(『장자』 외편 제5장 〈덕충부〉)

3. 새벽의 햇살처럼 맑고 밝은 경지

남백자규南伯子葵가 여우女偊에게 물었다.

「당신은 나이가 많은데도 얼굴빛은 어린애와 같으니, 무슨 까닭입니
까?」

여우가 대답했다.

「나는 도를 배웠기 때문이오.」

「나도 도를 배울 수 있습니까?」

「아니, 안되오. 당신은 도를 배울만한 사람이 못되오. 예컨대 복량의卜
梁倚라는 사람은 성인의 재능은 가졌어도 성인의 도는 갖지 못했는데,
나는 성인의 도는 가졌어도 성인의 재능은 갖지 못했소. 나는 그를 가
르치고 싶었지만, 과연 그가 성인이 될 수 있는지는 장담할 수 없었소.
설사 그렇더라도 나는 성인의 도를 성인의 재능을 가진 사람에겐 가르
치기 쉽다고 여겼소. 그래서 나는 인내심을 가지고 가르쳤는데, 3일이
지난 뒤에 그는 천하의 경계를 벗어날 수 있었소. 그가 이미 천하의
경계를 벗어나자, 나는 더욱 인내심을 가지고 가르쳐서 7일이 지난 후
에는 사물의 경계를 벗어날 수 있었소. 그가 이미 사물의 경계를 벗어
나자, 나는 더더욱 인내심을 가지고 가르쳐서 9일이 지난 뒤에는 삶의
경계를 벗어날 수 있었소.

이미 삶의 경계를 벗어난 뒤에는 마음이 '새벽의 햇살처럼 맑고 밝은
경지'(이를 朝徹이라 함)에 들어갈 수 있었고, 조철의 경지에 들어간
뒤에는 절대적인 진리를 볼 수 있었고, 절대적인 진리를 본 뒤에는 옛
과 지금古今이라는 시간관념이 없어지고, 옛과 지금이라는 시간관념이
없어진 뒤에는 생生도 없고 사死도 없는 경지에 들어갈 수 있었소. 생生
을 죽인 자는 그로 인해 사死도 없고, 생生을 낳은 자는 진실한 생生이
아니오.

이처럼 도는 만물의 운행을 지배하고 있으니, 만물은 도로 인해 생성하
고 도를 따라 사멸하며, 도로 인해 성취되고 도로 인해 파괴되는 법이
오. 이 도리를 알면 삶과 죽음, 생성과 파괴같은 일체의 변화도 마음의
평정을 흔들지 못하니, 이를 영녕攖寧이라고 부르오.」

(『장자』 내편 제6장 〈대종사〉)

4. 마음과 몸을 잊음

안회가 공자에게 말했다.

「저는 더 진보했습니다.」

공자가 물었다.

「무슨 말인가?」
「저는 인의를 잊었습니다.」
「좋긴하다만 아직은 멀었다.」

훗날 안회는 다시 공자를 뵙고 말했다.

「저는 더 진보했습니다.」
「무슨 말인가?」
「예악禮樂을 잊었습니다.」
「좋긴하다만 아직 멀었다.」

훗날 다시 안회는 공자를 뵙고 말했다.

「저는 더 진보했습니다.」
「무슨 말인가?」
「저는 좌망坐忘할 수 있습니다.」

공자가 깜짝 놀라면서 물었다.

「좌망이라니 무슨 말인가?」
「손발과 육체의 존재를 알지 못하고, 귀나 눈의 감각 작용을 물리쳐서
형체를 여의고 지식을 버려 대도와 합일하는 것, 이를 일러 좌망이라고
합니다.」
「대도와 합일하면 좋다 싫다하는 사사로운 마음이 없어지고, 대도의
변화에 순응하면 막히는 것o 없는 법이다. 그대는 과연 현명한 사람
이구나! 나도 그대의 뒤를 따라야겠다.」

(『장자』 내편 제6장 〈대종사〉)

제60장 대국의 정치

큰 나라를 다스릴 때는 마치 작은 생선을 지지듯 해야 한다. 작은 생선을 자꾸 뒤집다보면 그 생선은 부숴지기 마련이니, 마찬가지로 아침에 내린 법령을 저녁에 고치는 식으로 일이 많다 보면 백성들이 감당하질 못하며, 그 결과 국가는 혼란에 빠지게 된다.

도를 터득한 사람이 천하에 임하면 만물도 제자리를 잡으니, 그때는 귀신도 사람을 어쩌질 못하며, 귀신이 사람을 어쩌질 못하면 신령神靈도 사람을 해치지 못하며, 신령이 사람을 해치지 못하면 성인도 사람을 해치지 않는다. 신령과 성인 모두가 사람을 해치지 않기 때문에 백성들은 안정된 생활을 할 수 있고 덕을 닦는 데도 힘쓰는 것이다.

1. 성인은 사람을 해치지 않는다

성인은 사람들과 함께 살지만 그들을 해치지 않는다. 사람들을 해치지 않기 때문에 그들의 해침도 받지 않는 것이다. 따라서 오직 이 사람을 해치지 않는 자만이 사람들과 더불어 살 수 있는 것이다.

(『장자』 외편 제22장 〈지북유〉)

2. 귀신은 사람을 해치지 못한다.

제나라 환공이 커다란 늪에서 사냥을 하는데, 관중이 그를 모시고 있었다. 갑자기 환공은 귀신을 보고서 깜짝 놀라 관중의 손을 잡으면서 물었다.

「당신, 뭔가 보지 못했소?」

관중이 대답했다.

「전 아무 것도 보지 못했습니다.」

환공은 궁宮으로 돌아오자 두려움으로 인해 병이 생겨서 며칠간은 밖으로 나가질 못했다. 그러자 제나라의 선비 황자고오皇子告敖가 환공을 찾아와 말했다.

「환공께선 스스로 병을 만드신 것입니다. 귀신이 어찌 당신을 해칠 수 있겠습니까?」

(『장자』 외편 제19장 〈달생〉)

제61장 큰 나라와 작은 나라

인류가 평화롭게 공존하는 것은 큰 나라의 태도와 무관하지 않다. 큰 나라는 마치 강이나 바다의 하류下流에 처한 것과 같아서 천하의 모든 흐름이 모여든다. 이는 마치 천하의 암컷이 항상 부드러운 수동성의 고요함으로써 강건하고 활동적인 수컷을 극복하는 것과 같으니, 이 수동적 고요함이야말로 하류에 처할 수 있기 때문이다. 그러므로 큰 나라가 작은 나라에게 겸손한 태도로 대하면 자연히 작은 나라의 신뢰를 얻어서 기꺼운 마음으로 복종하게 된다. 마찬가지로 작은 나라가 큰 나라를 겸손으로 대하면 큰 나라의 번영을 얻을 수 있어서 평등한 대우를 받을 수 있다. 이처럼 겸손으로 작은 나라의 신뢰를 얻을 수도 있고, 겸손으로 큰 나라의 평등한 대우를 구할 수도 있는 것이다.

큰 나라는 사람들을 인도하고 그들을 양육하기만을 바랄 뿐이며, 작은 나라는 큰 나라에 편승해 사람들을 잘 섬기고 싶을 뿐이다. 이 두 나라가 원하는 바를 성취하려면, 큰 나라가 먼저 하류에 처해야만 천하의 모든 나라가 안정될 것이다.

제62장 착한 사람의 보배

도는 포용하지 못하는 바가 없으니, 만물의 근원에 갈무리되어 있다. 착한 사람은 당연히 이 도를 보배로 삼지만, 착하지 못한 사람도 이 도의 보호를 받는다. 선과 악은 본래 일정한 준칙이 없는 것이라서 보통 사람이라도 도의 이치를 말하면 존경받을 수 있는 것이며, 도의 이치를 실천할 수 있으면 남보다 뛰어날 수 있는 것이다. 또 착하지 못한 사람이라도 도를 밝혀서 스스로 새로워질 수 있다면, 도가 어찌 그들을 버리겠는가?

그러므로 큰 나라에 천자를 옹립하고 삼공三公[49]을 명해서 온갖 보배를 바치고 사두마차를 보내더라도 이 도를 올리는 것만은 못한 것이다.

옛날부터 이 도를 귀중하게 여긴 까닭은 무엇인가? "도로써 구하면 얻을 수 있고, 설사 죄를 범하더라도 면제받을 수 있다"고 말하지 않던가? 그러므로 도를 천하에서 가장 귀중한 것이라 말하는 것이다.

---

49) 주나라 시대 때 가장 높은 벼슬인 태사(太師), 태부(太傅), 태보(太保)를 말한다. 조선 시대로 말하면 영의정, 우의정, 좌의정에 해당된다.

* 어떻게 사람을 판별하는가?

하늘이 소인小人이라고 여기는 사람이 세상 사람의 눈에는 군자로 비치고, 세상 사람이 군자라고 생각하는 사람이 하늘의 눈에는 소인으로 보인다.

(『장자』 내편 제6장 〈대종사〉)

도를 아는 자가 가장 온전한 사람이다. 그는 추구하는 것이 없으니, 잃을 것도 없고 버려질 것도 없다.

(『장자』 잡편 제24장 〈서무귀〉)

제63장 어려움과 쉬움

사람들은 어떤 일을 하는 바가 있게 하지만, 성인은 어떤 일도 하는 바가 없게 한다. 사람들은 일하는 바 있게 일을 하지만, 성인은 일하는 바 없게 일을 한다. 사람들은 맛이 있는 걸 맛으로 치지만, 성인은 담박하여 맛이 없는 걸 맛으로 친다. 사람들은 큰 것을 크다 여기고, 작은 것을 작다 여기며, 많은 것을 많다 여기고, 적은 것을 적다 여기지만, 성인은 작은 것을 크다 여기고 적은 것을 많다 여긴다.

사람들은 은혜와 원수가 분명해서 항상 원한으로 원한을 갚고, 덕으로써 덕을 갚으며, 심지어는 원한으로 덕을 갚는 경우도 있다. 그러나 성인은 공평무사해서 나와 남의 구분이 없기 때문에 덕과 원한이라고 나눌만한 것이 없다. 따라서 성인은 덕으로써 원한을 갚으니, 이미 덕으로써 원한을 갚는다면 무슨 원한이 있겠는가?

천하의 어려운 일은 반드시 쉬운데서 일어나고, 천하의 큰 일은 반드시 작은 일로부터 시작한다. 그러므로 성인은 작은 걸 버리면서 큰 것을 위하지 않으며, 작은 걸 버리면서 큰 것을 위하지 않기 때문에 궁극적으로는 커다란 성취를 이루는 것이다.

무릇 가볍게 응락하는 사람은 신뢰성이 부족한 법이며, 일을 너무 쉽게 생각하는 사람은 반드시 커다란 어려움을 겪게 마련이다. 그러므로 성인은 사람에 대해서 가볍게 응락하지 않고 일에 대해서도 쉽게 생각하지 않기 때문에 궁극적으로는 어려움이 없는 것이다.

* 덕으로써 원수를 갚는다

오직 한결같이 자연을 따르는 사람만이 오욕을 받더라도 분노하지 않는 경지에 이르른다.

(『장자』 잡편 제23장 〈경상초〉)

제64장 처음과 끝

    세상의 도가 안정되어 있으면 그 도를 지키기 쉽고, 일의 사정이 아직 조짐도 나타나지 않았을 때는 그 일을 도모하기가 쉽다. 허약한 것은 분화分化하기가 쉽고, 미미한 것은 흩어지기가 쉽다. 따라서 일은 상황이 발생하기 전에 처리해야지 성공하기가 쉬우며, 천하는 혼란스러워지기 전에 다스려야지 그 효과를 쉽게 볼 수 있다.

    한아름이나 되는 큰 나무도 털끝같은 싹에서 부터 자라났으며, 9층이나 되는 높은 누대樓臺도 한 줌의 흙을 쌓아올려서 이루어진 것이며, 천리나 되는 먼 길을 가는 것도 발 밑의 한걸음으로부터 시작되는 것이다. 이러한 도리를 이해하면 하는 바가 있는 일이 하는 바가 없는 일로 변하고, 작위적인 것이 작위가 없는 무위가 된다. 그렇지 않고 만약 작위적 행위를 한다면 실패하기 마련이고, 집착을 버리지 못한다면 상실하게 된다. 그러므로 성인은 무위로서 하기 때문에 실패하지 않는 것이며, 집착을 버리기 때문에 상실하지 않는 것이다.

    세상 사람들이 일을 할 때는 종종 거의 성공할 무렵에 실패를 하는데, 이는 처음과 끝이 한결같지가 않기 때문이다. 처음부터 도에 따르면서 마지막까지 한결같이 신중히 나아갈 수만 있다면 결코 실패하지 않는 법이다.

그러므로 성인은 세상 사람들과는 달리 무욕無欲으로 임할 뿐 얻기 어려운 재물이나 명예 따윈 소중히 여기지 않는다. 아울러 세상 사람들이 추종하는 지식을 배우는 것이 아니라 그런 지식으로는 배울 수 없는 것을 배워서 사람들의 잘못을 본래의 상태로 되돌려 놓는다.

궁극적으로 성인은 무위의 도를 지키면서 만물의 자연스런 발전을 도울 뿐이지 감히 작위적인 행위로 자연을 방해하지는 않는다.

1. 처음부터 끝까지 신중하라

기교로만 능력을 겨루는 자는 처음에는 당당하게 나오지만 끝에 가서는 암암리에 음모를 꾸미니, 이윽고 너무 심해지면 기괴한 기교만이 많아질 뿐이다. 또 예절을 갖추어 술을 마시는 사람도 처음에는 법도가 있게 마시지만 마지막에 가선 흐트러지니, 이윽고 심해지면 음탕한 쾌락만이 많아질 뿐이다. 대체로 일이란 이런 식이라서 처음엔 성실하지만 마지막에 가선 항상 비루해진다. 시작할 때는 아주 간단했지만 마지막에 가선 오히려 복잡하게 커진 결과를 초래한 것이다.

（『장자』 내편 제4장 〈인간세〉）

2. 우매한 사람

세속적인 학문으로 본성을 다스려서 애초의 자기 본성을 회복하려는 사람, 또 세속적인 생각과 욕망으로 마음을 어지럽혀서 명철한 지혜를 구하려는 사람, 이런 자를 본성이 가리워진 눈 먼 사람이라 한다.

（『장자』 외편 제16장 〈선성〉）

제65장 완전한 순응

옛날 도로써 나라를 잘 다스린 자는 사람들을 총명하게 만들기보다는 오히려 순박하고 독실하게 만들었다. 사람들을 다스리기 어려운 까닭은 그들이 교지巧智(기교적인 지혜)가 많기 때문이다. 가령 사람들이 교지가 많으면, 나라를 다스리는 자도 교지로써 그들을 다스리게 되니, 그 결과 상하가 교지를 다투게 되고 임금과 신하가 서로를 속이게 되서 나라가 혼란에 빠진다.

그러나 나라를 다스리는 자가 교지가 아닌 신뢰와 진실로써 사람들을 대한다면, 나라가 질서있고 안정되니 이는 나라의 큰 복이 아닌가?

'교지로써 나라를 다스리는 것'과 '교지로써 나라를 다스리지 않는 것'은 예부터 지금까지 모든 흥망성쇠의 준칙이다. 이 준칙을 마음에 새겨서 교지로써 나라를 다스리지 않는다면 반드시 도와 일체가 될 것이니, 이를 소위 현덕玄德(유현한 덕)이라 한다.

현덕은 너무나 깊고 원대해서 세속적인 사물과는 같지 않다. 현덕이 더욱더 순박해질 때 만물도 자기의 근본으로 돌아가리니, 그렇게되면 완전히 자연에 순응해서 도와 일체가 된다.

1. 천하대란의 발단

그러나 지금은 백성들이 어느 때나 목을 빼고 발꿈치를 들면서 안전한 곳을 찾게 되었다. 그러다가 "어디어디에 현자賢者가 있다"는 소식을 들으면 양식을 짊어지고 뒤도 돌아보지 않고 찾아간다. 그 결과 안으로는 어버이를 버리고 밖으로는 나라의 일을 저버리게 되었으니, 그 발자취가 다른 제후들의 나라에까지 이어지고 그 수레바퀴의 자국도 천리까지 뻗칠 지경이었다. 이는 윗사람이 교지만을 좋아한 결과이니, 높은 지위에 있는 사람이 교지만을 좋아하고 대도를 소홀히 한다면 천하는 크게 혼란해질 것이다.

어째서 그런 줄을 아는가? 예컨대 활과 화살, 그물이나 작살 따위의 도구를 쓰는 지혜가 많아지자 새들은 그것들을 피하느라 상공에서 어지러이 날게 되었고, 또 낚시 바늘이나 미끼, 그물, 통발 따위의 도구를 쓰는 지혜가 많아지자 고기들은 그것들을 피하느라 물 속에서 우왕좌왕했으며, 덫이나 그물, 올가미 등의 도구를 쓰는 지혜가 많아지자 짐승들은 그것들을 피하느라 숲이나 늪지대로 도망쳤다. 마찬가지로 교활한 지혜나 속임수, 교묘한 비방과 원망, 더러운 악담과 허황된 궤변이 많아지자 세속은 그 변론에 현혹되었다. 그 결과 천하는 항상 커다란 혼란 상태에 있게 되었으니, 그 죄는 바로 교지를 좋아한 데 있는 것이다.

따라서 세상 사람들은 알지 못하는 외적 지식은 추구할 줄 알면서도 이미 알고 있는 내재적인 본성은 구할 줄 모르며, 타인의 잘못은 비난할 줄 알면서도 자신의 잘못은 성찰할 줄 모르니, 이 때문에 천하가 크게 어지러워진 것이다. 심지어 위로는 해와 달의 광명을 가리우고 아래로는 산천의 정기를 소진시키며, 중간으로는 사계절의 운행을 어긋나게 함으로서 꿈틀거리는 벌레에서부터 공중을 나는 곤충에 이르기까지 그 자연스런 본성을 잃지 않음이 없다. 심하도다! 교지를 좋아해서 천하를 어지럽히는 것이!

삼대三代 이후로는 늘 이러했다. 사람들은 순박함을 버리고 교활한 거짓을 좋아하게 되었으며, 고요하고 담박한 무위를 쓰지 않고 오히려 말만 많은 논쟁에만 몰두하니, 이 말만 많은 논쟁이야말로 천하를 혼란에 빠트린 것이다.

(『장자』 외편 제10장 〈거협〉)

2. 성인의 잘못

말의 본성은 이렇다: 목이 마를 때는 물을 마시고, 배가 고플 때는 풀을 뜯는다. 기쁠 때는 서로 목을 댄 채 비벼대고, 화가 날 때는 서로 등을 돌려 발길질을 한다. 말의 지혜란 본래 이 정도에 그치는 것이다. 그런데 그 말을 멍에를 씌우고 수레에 매달게 되자, 말의 지혜는 분노하여 흘겨보기도 하고 멍에를 부수기도 하고 수레의 장막을 찢기도 하고 재갈을 뱉아내기도 하고 고삐를 물어뜯기도 한다. 따라서 말의 지혜가 이처럼 도둑같은 교활한 지혜를 쓰게된 것은 바로 백락伯樂의 죄이다.

옛날 혁서씨赫胥氏 시대에는 백성들이 무위인 채로 편안히 살았고 행동도 특별한 작위가 없었다. 단지 배불리 먹으면서 즐거워하고 배를 두드리며 놀았으니, 백성들이 할 수 있는 일이란 본래 이 정도 뿐이었다. 그런데 후대에 성인이 천하를 다스리게 되자, 처음으로 예악禮樂을 만들어서 세상 사람들의 행위를 바꾸려고, 인의를 높이 주창해서 천하의 인심을 달래려고 했다. 그 결과 백성들은 전력을 다해 교지巧智를 추구하고 다투어 이익을 좇으면서도 그칠 줄을 몰랐다. 이것의 바로 성인의 잘못인 것이다.

3. 사람이 사람을 잡아 먹는 시대

경상초가 말했다.

「요 임금과 순 임금 이래로 위정자는 현명한 사람을 존경하고, 재능 있는 사람을 등용하고, 착한 사람을 우대해서 은택을 베풀었으니......
그러나 실제로 요와 순 두 분이 어찌 사람들의 칭송을 받을만하다고 하겠는가? 그들의 변설이란 것도 함부로 담장을 뚫어서 잡초를 심으려는 짓에 불과하며, 또는 머리털을 하나하나 세어서 빗질을 하고 쌀알을 하나하나 세어서 밥을 짓는 것과 같으니, 그런 좀스런 짓으로 어떻게 세상을 구제한단 말인가?
현자를 천거하면 백성들은 서로 다투게 되고, 지혜있는 자를 임명하면 백성들은 서로 속일 것이니, 이런 것들은 백성들을 순후하게 할 수 없는 것이다. 오히려 백성들을 자기 이익에만 몰두하게 만들어서 자식이 아비를 죽이고 신하가 임금을 죽이는 일을 초래할 뿐만아니라 대낮에도 도둑질을 하고 한낮에도 남의 담장을 뚫고 들어가게 한다.
내 그대들에게 말하노니, 커다란 혼란大亂의 근원은 분명 요순 시대에 생긴 것이다. 그것은 현재에만 영향을 미칠 뿐만아니라 천년 뒤의 사회에도 파급될 것이니, 이 때는 사람이 사람을 잡아 먹는 일을 절대로 피하지 못할 것이다.

(『장자』 잡편 제23장 〈경상초〉)

4. 본성으로 돌아가라

옛날 바다새가 날아와 노나라의 교외에 앉았다. 노나라 제후는 그 새를 모셔다가 종묘에서 잔치를 열어 술을 마시게 하고, 순 임금 때의 음악인 구소九韶를 연주하여 들려주고, 소나 양이나 돼지같은 좋은 음식으로 대접했다. 새는 그만 눈이 아찔해지면서 근심과 걱정으로 한 점의 고기도 먹지 못하고, 한 잔의 술도 마시지 못한 채 3일만에 죽고 말았다.

이는 '사람을 기르는 도'로써 새를 길렀을 뿐, '새를 기르는 도'로는 새를 기르지 않았기 때문이다! '새를 기르는 도'로써 새를 기르는 자는 먼저 새를 깊은 숲에 깃들게 하고, 물가의 모래땅에서 노닐게 하고, 강이나 호수 위에 떠다니면서 미꾸라지나 피라미를 잡아 먹게 하고, 무리를 따라 자유롭게 날아다니고 자유롭게 서식하게 한다.

이처럼 '사람을 기르는 도'로써 새를 기르는 것은 새의 본성을 거스르는 짓이다. 새들은 사람의 소리조차 듣기 싫어하는데, 어찌 저 시끄러운 음악을 들을 수 있겠는가? 만약 이런 식으로 새를 기른다면 그건 너무나 어리석은 짓이다.

(『장자』 외편 제18장 〈지락〉)

제66장 모든 골짜기의 왕

　　강과 바다가 모든 골짜기의 왕이 될 수 있는 것은 스스로 낮은 곳에 위치해서 모든 골짜기의 물이 흘러들기 때문에 왕이 되는 것이다. 마찬가지로 성인은 모든 사람들 위에 있고자 할 때는 반드시 먼저 공손한 말로써 스스로를 낮추며, 모든 사람들 앞에 서고자 할 때는 반드시 자기자신을 그들의 뒤에 위치시킨다.

　　따라서 성인은 남에게 위세를 부리지 않기 때문에 높은 자리에 있어도 사람들이 그의 권위를 느끼지 못하고, 백성들 앞에 서있어도 사람들은 어떤 장애도 느끼지 못한다. 그러므로 천하의 모든 사람들이 그를 추대해서 싫어하지 않으니, 이는 그가 낮은 곳에 처하면서 다투지 않는 덕이 있기 때문이다. 어느 누구와도 다투지 않으니, 천하의 어느 누가 그와 다툴 수 있겠는가?

* 바다의 지혜

스스로 남보다 못하다고 여기는 사람은 타인의 마음에 도달할 수 있다.

바다는 시냇물이든 강물이든 흘러들어오는 물을 사양하지 않는다.

(『장자』 잡편 제24장 〈서무귀〉)

제67장 세가지 보배

세상 사람들은 나의 도가 너무나 커서 천하의 어느 것도 닮지 않았다고 말한다. 그러나 오직 너무나 크기 때문에 닮지 않은 것이니, 만약 닮았다면 이미 미세해져서 도라 할 수 없을 것이다.

내게는 영원히 지니고 보존해야 할 세가지 보배가 있다. 첫째는 자비라 부르고, 둘째는 검약이라 부르고, 셋째는 감히 천하의 앞에 서지 않는 것이다. 자비롭다면 백성들을 어린 아이처럼 돌볼 수 있기 때문에 능히 용감할 수 있으며, 검약하면 덕을 쌓아서 무궁토록 쓸 수 있기 때문에 능히 넉넉할 수가 있다. 또 감히 천하의 앞에 서지 않기 때문에 도리어 앞에서 이끌게 되어 만물의 우두머리가 될 수 있다. 그러나 요즘은 자비를 버린 채 용감하기만을 구하고, 검약을 버린 채 넉넉함만을 구하고, 뒤로 물러남을 버린 채 앞서기만을 다투고 있으니, 이는 죽음을 향한 길일 뿐이다. 세가지 보배 중에서 자비가 가장 중요하니, 자비심으로 전쟁에 임하면 승리를 얻고 방어를 하면 굳건히 지킬 수 있다. 자비심을 발휘할 수 있는 사람은 하늘도 그를 돕고 보호한다.

제68장 다투지 않는 덕

훌륭한 장수는 무력의 힘을 내보이지 않으며, 잘 싸우는 사람은 분노의 기색을 쉽게 보이지 않으며, 훌륭히 적을 이기는 사람은 적과 함부로 다투질 않으며, 남을 잘 쓰는 사람은 오히려 뭇사람들의 아래에 처한다.

이러한 것을 남과 다투지 않는 덕이라 하고, 또 아래에 처해서 남을 이용하는 능력이라고 한다. 이처럼 '다투지 않는' 것과 '아래에 처하는' 것이야말로 천도에 합치하는 극치인 것이다.

제**69**장 적을 가볍게 보는 것보다 큰 재앙은 없다

5병가兵家에 이런 말이 있다:

「내가 먼저 싸움을 걸어서 상대를 공격하지 말고, 다만 상황이 부득이했을 때만 상대를 맞아서 싸우라. 부득이 싸울 때는 한 치寸라도 나아가려고 하질 말고 오히려 한 자尺를 물러나라.」

이런 것을 작전을 행해도 마치 작전을 행하지 않는 것처럼 하며, 팔을 휘둘러도 마치 팔조차 들 수 없는 것처럼 하며, 무기가 있으면서도 마치 쓸 수 있는 무기가 없는 것처럼 하며, 적과 대치하고 있으면서도 마치 쳐부술 적이 없는 것처럼 하는 것이라 한다.

적을 가볍게 보는 것보다 더 큰 화禍는 없으니, 적을 가볍게 본다면 나의 보배는 거의 잃은 것이나 마찬가지다. 그러므로 부득이해서 적과 싸울지라도 자비심을 갖고 싸운다면, 이 자비심으로 인해 최후의 승리자가 될 것이다.

* 싸우지 않는다

주나라 문왕文王의 선조인 대왕 단보亶父가 빈빈 땅에 살 때 오랑캐가 쳐들어왔다. 그래서 대왕 단보는 오랑캐에게 모피와 비단을 보냈으나 그들은 받지 않았고, 개와 말을 보냈어도 받지 않았고, 구슬과 보옥을 보냈어도 받지 않았다. 오랑캐가 요구하는 것은 땅이었다. 결국 대왕 단보는 백성들에게 이렇게 말했다.

> 「나는 다른 사람의 형과 함께 살면서 그 동생을 죽이고, 다른 사람의 아비와 함께 살면서 그 자식을 죽이는 짓은 차마 하지 못하겠다. 그대들은 부디 부지런히 일하면서 이곳에서 살아라. 내 신하가 되나 오랑캐의 신하가 되나 무슨 차이가 있겠는가? 또 나는 '사람을 기르는 땅을 가지고 사람을 해쳐선 안된다'고 들었다.」

그리고는 곧 지팡이를 짚고서 그곳을 떠났다. 그러자 백성들도 서로 줄을 이어서 그를 따라가니, 마침내 기산岐山 아래에다 나라를 세웠다. 대왕 단보는 진실로 생명을 귀중히 여기는 사람이라 하겠다.

진정 생명을 귀중히 여기는 자는 비록 부귀를 누리더라도 의식주의 쾌락으로 자기 몸을 상하게 하지 않고, 비록 가난하게 살더라도 이익으로 자기 몸을 괴롭히지 않는다. 그러나 요즘 사람들은 일단 높은 지위를 얻으면 이를 잃을까 걱정하고, 이익을 보면 경솔히 몸을 망쳐버리고 마니, 이 어찌 미혹이 아니겠는가?

월나라 사람은 삼대에 걸쳐 임금을 죽였다. 그래서 왕자 수搜는 자기도 죽을까 염려가 되서 단혈丹穴로 도망가니, 그 결과 월나라에는 임금이 없게 되었다. 사람들은 왕자 수를 찾아 헤매다가 이윽고 단혈에서 찾아냈지만, 왕자 수는 단혈에서 나오려하지 않았다. 그래서 월나라 사람들은 쑥을 태워 억지로 나오게 해서 임금의 수레에다 태웠다. 왕자 수는 줄을 붙잡고 수레에 오르면서 하늘을 우러르며 외쳤다.

「임금이 되는가! 임금이 되는가! 어째서 날 홀로 있게 내버려두지 않는가?」

왕자 수는 임금이 되기를 싫어한 것이 아니라 임금이 되어 재난을 겪는 걸 싫어한 것이다. 왕자 수와 같은 사람은 나라로 인해 자기 생명을 해치지는 않는 자라고 말할 수 있다. 그가 이렇게 생명을 귀중히 여겼기 때문에 월나라 사람들도 그를 임금으로 삼으려 한 것이다.

한나라와 위나라가 서로 땅을 차지하려고 쟁탈전을 벌이고 있었다. 자화자子華子가 소희후昭僖候를 찾아 뵈자, 소희후는 근심스런 기색을 하고 있었다. 자화자가 그에게 말했다.

「지금 천하 사람들로 하여금 임금의 앞에서 서약서를 쓰게 했다고 합시다. 그 서약서를 '왼손으로 이 서약서를 잡는 자는 오른손이 잘릴 것이고, 오른손으로 이 서약서를 잡는 자는 왼손이 잘릴 것이다. 그러나 이 서약서를 잡는 자는 반드시 천하를 차지할 것이다'라고 쓴다면, 임금께선 서약서를 잡겠습니까?」

소희후가 대답했다.

「나는 서약서를 잡지 않겠소.」
「매우 좋습니다. 이를 통해 본다면, 두 팔은 천하보다 귀중한 것이고, 몸은 두 팔보다 귀중한 것입니다. 그러나 한나라는 천하보다 훨씬 가벼운 것이며, 지금 다투고 있는 땅은 한나라보다 더욱 가벼운 것입니다. 그런데도 임금께선 자신의 몸을 괴롭히고 생명을 해치면서까지 그 땅을 얻지 못할까 걱정해야 합니까?」
「훌륭한 말씀이오! 지금껏 나를 가르쳐 준 사람은 많았지만, 이런 말은 들어본 적이 없소.」

자화자는 일의 경중을 아는 자라고 할 수 있다.

(『장자』 잡편 제28장 〈양왕〉)

제70장 품 속의 보배

나의 말은 너무나 알기 쉽, 알기가 쉬우니 행하기도 너무 쉽다. 그런데도 천하 사람들은 알지도 못하고 행하지도 못하니, 욕망과 영리榮利에 미혹됐기 때문이다. 실제로 나의 말은 자연의 무위를 종지宗旨로 삼고 있고, 일을 할 때도 자연의 무위를 근거로 삼고 있으니, 도대체 무엇이 알기 어렵고 행하기 어렵단 말인가?

사람들은 나의 이 말을 이해하지 못하기 때문에 나를 이해할 수 없는 것이다. 그래서 나를 이해한 사람이 드문 것이고, 나를 본받는 자도 희귀한 것이다. 이처럼 대도가 실행되지 않으므로 성인은 거친 베옷을 입으면서 품 속에는 보배를 간직하고 있는 것이다.

제71장 병

　이미 도를 터득했으면서도 스스로는 알지 못한다고 여기는 사람이 가장 뛰어난 사람이다. 아직 도를 터득하지 못했으면서도 스스로는 도를 안다고 여기는 것이야말로 커다란 병이다. 오직 이런 병을 병으로 여기는 사람만이 그 병에 걸리지 않는 것이다. 성인은 이런 병에 걸리지 않기 때문에 그런 병을 병이라고 아는 것이다.

*　알지 못하는 것이 바로 아는 것이니, 안다고 하면 도리어 알지 못하는 것이다.

　누가 도를 물을 때 응답하는 사람은 도를 모르는 것이다. 도를 묻는 자도 아직 도를 배우지 못한 자이다. 도는 물을 것이 없고, 물어도 대답할 것이 없다.

(『장자』 외편 제22장 〈지북유〉)

제72장 스스로를 낮추어라

백성들이 일단 위정자의 권위를 외경畏敬하지 않게 되면, 그 위정자에겐 커다란 환란이 뒤따르게 된다. 따라서 위정자는 백성들의 생존을 핍박해서 그들의 삶을 불안하게 해서는 안되며, 백성들의 재물을 착취해서 그들의 안전을 위협해선 안된다. 이렇게만 하면 백성들도 위정자를 혐오하지 않을 것이며, 막대한 환란도 초래하지 않을 것이다.

그러므로 성인은 스스로의 능력을 알고 있지만 자신을 내세우지 않으며, 스스로의 힘을 아끼지만 자신의 고귀함은 드러내지 않는다. 다만 '무위'를 취하여 '아래에 처하는' 태도로서 백성을 따를 뿐이니, 이렇게만 한다면 어찌 백성을 불안에 빠트리겠는가?

제73장 천도의 그물

자신의 강함을 내세우는데 용감한 사람은 필경 좋은 임종은 맞지 못할 것이며, 자신의 부드러움을 나타내는데 용감한 사람은 자기자신을 온전히 보존할 수 있다. 이들 둘은 똑같이 용감하긴 하지만, 강함을 내세우는데 용감한 사람은 해를 당하고, 부드러움을 나타내는데 용감한 사람은 이익을 받는다. 하늘이 어째서 강함을 내세우는데 용감한 자를 미워하는지, 어느 누가 그 이유를 알겠는가? 그러므로 성인도 하늘의 도를 아는 걸 어렵게 여기는데, 하물며 일반 보통사람이겠는가?

하늘의 도는 다투지 않아도 훌륭히 이기고, 말을 하지 않아도 훌륭히 감응하고, 불러들이지 않아도 만물이 스스로 돌아오고, 관대하고 무심하지만 만물을 훌륭히 도모한다. 이처럼 천도天道의 그물은 광대무변해서 모든 걸 포용하니, 비록 그 그물이 성근 것처럼 보이지만 실제로는 단 하나도 빠트리지 않는다.

제74장 가혹한 정치

　백성들이 가혹한 정치에 시달려서 죽음조차 두려워하지 않게 되면, 죽음으로 그들을 위협한들 무슨 소용이 있겠는가? 만약 백성들이 죽음을 두려워하고, 위정자가 죄를 범하는 자를 잡아 죽인다면, 어느 누가 감히 법을 어겨서 형벌을 받겠는가? 그러나 사실은 그렇지를 못하니, 천하의 형벌은 어찌 그리 많으며, 법규를 어기는 사람은 어찌하여 그치지를 않는가! 만물의 생사는 항상 죽임을 관장하는 자(즉 천도)의 손 안에 있는데, 어찌하여 인간이 그 천도의 계획에 끼려고 하는가?

　세상의 어떤 위정자들은 간혹 자신의 사사로운 뜻으로 사람을 죽인다. 그리고는 스스로 죽음을 관장하는 자의 직책을 대행했다고 여기는데, 이는 마치 목수를 대신해서 나무를 깎는 격이라고 하겠다. 목수를 대신하여 나무를 깎는 사람치고 자기손을 다치지 않는 사람이 거의 없다.

* 삼대 이후로 천하를 통치하는 사람은 항상 상과 벌을 천하를 다스리는 수단으로 삼았으니, 이런 상황하에서 백성들의 생활이 어찌 안정될 수 있겠는가?

(『장자』 외편 제11장 〈재유〉)

도덕이 이로부터 쇠퇴하고, 형벌이 이로부터 번창했다.

(『장자』 외편 제12장 〈천지〉)

제75장 죽음을 가볍게 여긴다

백성들은 왜 굶주리는가? 높은 지위에 있는 위정자들이 너무나 많은 세금을 거둬가서 백성들이 자급자족을 하지 못하기 때문에 굶주리는 것이다. 백성들을 왜 다스리기 어려운가? 높은 지위에 있는 사람들이 제멋대로 일을 해서 백성들이 따를 바가 없기 때문에 다스리기 어려운 것이다. 백성들은 왜 죽음을 두려워하지 않는가? 높은 지위에 있는 사람들이 사치를 누리고 자신만을 봉양해서 백성들이 그 요구를 감당하지 못하기 때문에 죽음을 가볍게 여기는 것이다.

따라서 오직 살기 위해서 목숨까지 버리는 자가 그 목숨에 애착하는 자보다 현명하다.

* 생명을 기르는 도를 중시하라

중산中山의 공자 모牟가 첨자瞻子에게 말했다.

「내 몸은 비록 강가나 바닷가에 은둔했지만 마음은 여전히 위나라 조
정의 영화를 생각하고 있습니다. 어떻게 해야 내가 몸과 마음이 하나인
경지에 이를 수 있겠습니까?」

첨자가 대답했다.

「먼저 생명을 기르는 도를 중시해야 합니다. 생명을 중시하면 명예나
이익을 가볍게 여길 것입니다.」

(『장자』 잡편 제28장 〈양왕〉)

제7편

잠언箴言

제76장 강한 것과 약한 것

사람이 살아있을 때는 그 몸이 부드럽고 약하지만, 죽었을 때는 그 몸이 굳고 딱딱하다. 풀과 나무도 살아있을 때는 그 재질이 부드럽지만, 죽었을 때는 그 재질이 시들어서 딱딱하다. 그러므로 딱딱하고 강한 것은 모두 죽음의 유형에 속하는 것이고, 부드럽고 약한 것은 모두 삶의 유형에 속하는 것이다.

따라서 무기가 너무 강하면 도리어 승리를 취할 수 없고, 나무도 너무 강대하면 오히려 잘리게 되고 만다. 강대함을 스스로 과시해서 남의 위에 서려고 하는 사람은 결과적으로는 버림을 받아 남의 아래에 있게 되고, 유약함으로 스스로를 지키는 사람은 결국에는 반드시 남의 추대를 받아서 오히려 남이 위에 서게 된다.

제77장 활을 당기는 법

천도天道의 작용은 활시위를 당기는 것과 같다. 줄의 위치가 높으면 눌러서 낮게 하고, 줄의 위치가 낮으면 올려서 높힌다. 또 줄이 남아돌면 줄이고, 줄이 모자라면 보충해준다. 천도는 바로 이와같은 것이다.

인도人道는 그렇지를 못하다. 천도는 남는 것은 줄이고 모자란 것은 보충해 주지만, 인도는 오히려 모자란 것을 더 줄여서 남는 것을 받들게 한다. 어느 누가 남는 것으로 천하에 공헌할 수 있는가? 오직 도를 터득한 사람만이 그럴 수가 있다!

도를 터득한 성인은 만물을 양육하면서도 그것을 자기 능력이라 자랑하지 않고, 만물을 성취하는 공적을 이루면서도 그것을 자기 공이라 자처하지 않는다. 이처럼 사리사욕 없이 자연 그대로에 맡길 뿐 자기의 현명함을 나타내려 하지 않기 때문에 천도를 살펴서 남는 것으로 천하에 공헌할 수 있는 것이다.

* 알맞은 것이 복이다

알맞은 것은 복福이고, 남아 돌아가는 것은 화禍이다. 대체로 모든 만물이 다 그렇지만, 그 중에서도 재물이 가장 해로운 것이다.

(『장자』 잡편 제29장 〈도척〉)

제78장 물보다 부드러운 것은 없다

천하에서 물보다 부드럽고 약한 것은 없다. 그러나 굳세고 강한 것을 꺽는 데는 물보다 뛰어난 것이 없다. 세상 그 어느 것도 물과 바꿀 수는 없으니, 물보다 더 큰 능력을 가진 것은 없다.

세상 사람들은 누구나 약함이 강함을 이기고 부드러움이 굳셈을 이기는 이치를 안다. 하지만 이를 실천하질 못하고 있는데, 그 주요한 원인은 일시적 강대함에만 집착해서 영구적인 평화를 소홀히 하기 때문이다.

그러므로 성인은 이렇게 말한다;

「온나라의 오욕을 받을 수 있는 자를 사직社稷의 주인이라 할 수 있고, 온나라의 환난을 받을 수 있는 자는 천하의 주인이 된다.」

이처럼 진리에 부합하는 참된 말은 겉으로는 세상의 상식과는 반대되는 것처럼 보이는 법이다.

제79장 천도는 사사로움이 없다

　　이미 원한이 깊고 깊다면 설사 화해하더라도 마음 속에는 원한이 남기 마련이니, 이 어찌 좋은 방법이겠는가? 그러므로 성인은 채무자의 계약서를 잡고 있으면, 채무자에게 지불을 독촉하지 않는다.

　　따라서 덕 있는 사람은 계약서를 잡고 있을 뿐 독촉을 하지 않아서 상대의 원한을 사지 않는다. 하지만 덕 없는 사람은 세금을 집행해서 마구 거둬들이느라고 상대의 원한을 산다. 천도는 아무런 사사로움이 없으니, 항상 덕이 있는 착한 사람을 돕는다.

1. 총명의 지혜와 신령스런 지혜

공평치 못한 태도로써 공평하려고 하면, 그 공평은 참다운 공평이 아니며, 헛된 말로써 맹세를 한다면 겉으로는 진실해 보일지 몰라도 실제로는 거짓된 맹세에 불과하다. 총명한 지혜를 지녔다는 사람도 항상 사물에 부려지는 자에 불과하고, 신령스런 지혜를 지닌 사람이라야 진리를 따라 행할 수 있는 것이다. 이 총명의 지혜와 신령스런 지혜는 본래 이처럼 거리가 먼 것이다. 그런데도 어리석은 사람들은 자기 견해만 믿고서 쓸데없는 인간사의 다툼에 빠져들고 만다. 하지만 그 공로는 외적인 데 있을 뿐 자기 본성에는 아무런 도움이 되지 못하니, 너무나 슬프지 않은가!

(『장자』 잡편 제32장 〈열어구〉)

2. 천자天子

사람들이 따르면서 함께 하는 자를 천민天民(하늘의 백성)이라 하고, 하늘의 도움을 받는 자를 천자天子(하늘의 자식)라고 부른다.

(『장자』 잡편 제23장 〈경상초〉)

제80장 이상적인 나라

이상적인 국가는 다음과 같다;

국토는 작고 백성들은 많지 않다. 쓸만한 도구가 많이 있지만 어느 누구도 쓰질 않고, 생명을 중시해서 아무도 멀리 이사를 가지 않는다. 비록 배와 수레가 있더라도 아무도 타고 다니지 않고, 비록 갑옷과 무기가 있어도 아무도 쓰질 않으며, 또 문자도 쓰지 않고 다시 새끼줄을 묶어서 의사를 표시하는 시대로 돌아간다. 그런 시대에는 맛있게 먹고, 잘 차려 입고, 편안하게 기거하며, 풍속을 재미있게 즐겨서 아무런 다툼이 없다.

작은 나라이기 때문에 이웃 나라의 사람들과도 서로 바라볼 수 있으며, 닭이 울고 개가 짖는 소리도 서로 들을 수 있다. 하지만 생활이 안정되어 있기 때문에 피차간에 늙어 죽을 때까지 자기 나라를 벗어나서 이웃 나라와 왕래하는 일이 없다.

* 지극한 덕의 시대

그대는 저 지극한 덕의 시대를 알지 못하는가? 옛날엔 용성씨容成氏, 대정씨大庭氏, 백황씨伯皇氏, 중앙씨中央氏, 율육씨栗陸氏, 여축씨驪畜氏, 헌원씨軒轅氏, 혁서씨赫胥氏, 존노씨尊盧氏, 축융씨祝融氏, 복희씨伏戲氏, 신농씨神農氏가 있었다. 당시의 백성들은 새끼줄로 매듭을 만들어서 문자로 썼고, 먹는 음식은 달게 먹었고, 입는 옷은 아름답게 여겼고, 풍속을 재미있게 즐겼으며, 사는 거처는 편안히 여겼다.

이웃 나라와 서로 바라볼 수 있고, 개와 닭 짖는 소리도 서로 들을 수 있고, 백성은 늙어 죽을 때까지 이웃 나라와 왕래가 없었다. 이런 시대야 말로 진정한 태평시대인 것이다!

(『장자』 외편 제10장 〈거협〉)

제81장 하늘의 도

진실한 말은 귀를 즐겁게하지 않고, 귀를 즐겁게하는 말은 진실이 아니다. 행실이 착한 사람은 말을 잘하지 못하고, 말을 잘 하는 사람은 행실은 반대로 착하지가 못하다. 도에 밝은 지혜로운 사람은 지식이 넓질 않고, 지식이 넓은 사람은 깊은 이치를 탐구하지 않기 때문에 지혜롭지가 못하다.

성인은 사사롭게 자기를 위해 축적하지 않는다. 그는 전력을 다해 남을 도우므로 오히려 자기가 더욱 충족되고, 전력을 다해 남에게 베풀므로 도리어 자기가 더욱 풍부해진다. 하늘의 도는 만물을 이롭게만 할 뿐 해치지를 않으며, 성인의 도는 하늘의 도를 본받아서 베풀기만 할 뿐 남과 다투지 않는다.

1. 믿음이 있는 말은 꾸밈이 없다

개는 잘 짖는다고 해서 좋은 개가 아니며, 사람은 말을 잘한다고 해서 지혜로운 사람이 아니다.

(『장자』 잡편 제24장 〈서무귀〉)

학문이 박학한 사람이라고 해서 반드시 참다운 앎이 있는 건 아니며, 변론을 잘 하는 사람이라고 해서 반드시 지혜가 있는 건 아니다.

(『장자』 외편 제22장 〈지북유〉)

2. 베풀수록 충만하다

진인眞人의 신령함은 태산을 지나가도 방해받질 않고, 깊은 연못에 들어가도 젖지를 않으며, 비천한 지위에 있어도 괴로움을 느끼지 못한다. 그의 신령함은 천지 사이에 가득 차서 어디에나 있으니, 이 때문에 남에게 베풀면 베풀수록 그 스스로도 더욱 충만해지는 것이다.

(『장자』 외편 제21장 〈전자방〉)

3. 말을 잊은 사람

통발은 물고기를 잡는 도구인데, 물고기를 잡고나면 통발은 잊혀지게 된다. 올가미는 토끼를 잡는 도구인데, 토끼를 잡고나면 올가미는 잊혀지기 마련이다. 말은 감정과 사상을 표현하는 도구인데, 그 뜻을 이해하고 나면 자연히 그 말은 잊혀지기 마련이다. 내 어떻게 해야 저 말을 잊은 사람을 만나서 그와 얘기를 나눌 수 있을까?

(『장자』 잡편 제26장 〈외물〉)

등장인물 해설

걸왕桀王; 하夏 왕조의 마지막 임금. 왕비 달기에게 빠져 온갖 폭정을 펼치다
가 은殷나라를 세운 탕왕湯王에게 멸망당했다.

기자箕子; 은나라의 태사太師로서 마지막 임금인 주왕紂王의 숙부였다. 주왕의
폭정을 바로잡기 위해 자주 간하다가 오히려 미움을 사서 도피함.

남곽자기南郭子綦; 초나라의 현인. 남쪽의 성곽에서 살았기 때문에 남곽이 명
호가 됐으며, 자기는 이름이다. 남백자기南伯子綦, 남백자규南伯子葵
라고도 불린다. 『장자』의 다른 편에도 나옴.

노담老聃; 일반적으로 노자를 말한다. 노자의 성명은 이이李耳인데, 노老는 어
른에 대한 존칭이며, 담聃은 자字이다.

모장毛嬙**과 여희**麗姬; 모두 춘추전국 시대의 유명한 미녀. 모장은 송나라 평공
平公의 부인이라고 하며, 여희는 진晉 나라 헌공獻公의 부인이다.

문혜군文惠君; 양梁의 혜왕을 일컫는다.

백이伯夷; 은나라 고죽군孤竹君의 아들. 주나라 무왕이 은나라를 정복하자, 주
나라 땅에서 나는 곡식을 먹기가 부끄럽다고 하여 수양산首陽山으
로 들어가 고사리를 캐먹다가 굶어 죽음.

신도가申徒嘉; '신도'는 성姓이며 '가'는 이름. 정나라의 현인.

자산子産; 정나라의 재상. 성은 공손公孫이며 이름은 교僑이다.

백혼무인伯昏無人; 장자가 만들어낸 가공의 인물.

복희伏羲; 상고시대의 제왕으로 삼황三皇 중의 한 사람. 백성들에게 농경과 목
축, 어업, 수렵을 가르쳤으며, 처음으로 팔괘八卦를 만들었다고 함.

시위씨豨韋氏; 상고시대의 전설적인 제왕.

감배堪坏; 고대의 신 이름. 사람의 얼굴과 짐승의 몸을 한 신으로 도를 터득해
서 곤륜산으로 들어갔다고 함.

풍이馮夷; 물을 다스리는 신선의 이름.

견오肩吾; 신의 이름. 도를 터득해서 태산의 신이 됐다고 함.

황제黃帝; 상고시대의 전설적인 제왕. 삼황의 하나라고도 함.

전욱顓頊; 고대의 제왕으로 5제帝의 한 분. 황제의 손자라고 하며, 죽은 뒤 북
　　　방의 신이 되었다고 함.

우강禹强; 사람의 얼굴과 새의 몸을 한 수신水神.

서왕모西王母; 선녀의 이름. 모습이 16, 7세의 소녀와 같아서 늘 싱싱한 젊음을
　　　간직하고 있다고 함.

소광산少廣山; 서왕모가 살던 산.

팽조彭祖; 신선의 이름. 요 임금의 신하로서 은나라 말년까지 8백세를 살았다
　　　고 한다. 이 때문에 인간의 장수를 상징하는 인물로 자주 표현됨.

요堯 **임금**; 고대의 제왕으로 5제의 한 분. 훌륭한 덕치를 베풀어서 성군聖君으
　　　로 추앙됨. 순 임금에게 제왕의 지위를 선양한 것으로 유명하다.

순舜 **임금**; 요 임금과 마찬가지로 고대의 제왕으로 5제의 한 분이다. 유가에서
　　　는 요 임금과 더불어 이상적인 성군으로 추앙하고 있다.

부열傳說; 은나라 고종高宗 때의 어진 재상. 고종이 꿈에서 본 인물을 찾았는
　　　데, 마침내 부암傳巖의 들녘에서 부암을 찾았다고 함.

사광師曠; 춘추시대 진晉 나라의 음악가로 소리를 잘 분별해서 길흉을 점쳤다
　　　고 함. 미묘한 소리를 잘 분별하는 것을 사광의 귀밝음師曠之聰이라
　　　고 한다.

상계常季; 공자의 제자라고 함.

설결齧缺; 요 임금 때의 현인.

왕예王倪; 요 임금 때의 현인.

송영자宋榮子; 장자나 맹자보다 윗대의 사상가. 일설에는 송宋은 나라 이름.
　　　영榮은 성, 자子는 경칭이라고 함.

숙산무지淑山無趾; '숙산'은 자字. 형벌을 받아 발이 없으므로 '무지'라고 불렀다.

안회顔回; 공자의 10대 제자 중 으뜸으로 꼽히는 제자. 자字는 자연子淵. 안빈
　　　낙도의 생활로 이름이 높았다.

애공哀公; 노魯 나라의 마지막 제후.

양자거陽子居; '양'은 성이고 '자거'는 이름이다. 일설로는 자기만을 위하라는
　　　학설을 주창한 양주楊朱라고도 함.

열자列子; 이름은 열어구列禦寇. 전국시대 정鄭 나라 사람으로 황제와 노자의
　　　사상을 토대로 해서 『열자』 8권을 지었다.

비간比干; 은나라의 마지막 임금 주왕紂王의 숙부. 주왕의 폭정을 간하다가 분
노를 사서 가슴을 찢겨 죽었다.

왕태王駘; 노나라의 현인.

유우有虞; 유우씨. 순 임금을 말함.

자공子貢; 공자의 10대 제자 중 한 분.

탕왕湯王; 은나라의 시조. 하나라의 마지막 임금 걸왕의 폭정을 몰아내고 은나
라를 세웠다.

혜자惠子; 전국시대 송나라의 학자로서 이름은 혜시惠施. 장자의 벗으로서 명
가名家의 한사람이다.

문왕文王; 주나라의 임금. 무왕武王의 아버지. 성은 희姬이고 이름은 창昌이다.
은나라 주왕이 폭정을 계속하자, 제후들이 그를 군주로 떠받들었음.
후에 무왕이 그를 문왕으로 시호를 바침.

무왕武王; 주나라의 임금. 아우 주공周公과 협력하여 은나라를 멸망시키고 훌
륭한 정치를 베풀었음.

증삼曾參; 공자의 제자로서 자字는 자여子輿이다. 효도로 유명함.

사추史鰌; 증자와 더불어 인의를 행한 위나라 사람함. 자는 사어史魚.

양주楊朱**와 묵적**墨翟; 춘추전국시대의 유명한 사상가. 양주는 극단적인 이기
주의를 내세우는 위아설爲我說을 주장했고, 묵적은 일종의 평등주의
인 겸애설兼愛說을 주장했다.

허유許由; 요 임금 때의 현인. 요 임금이 그에게 제왕의 지위를 물려주려 했으
나, 이를 거절하고 기산箕山으로 들어가 숨었다.

수인燧人; 상고시대의 제왕. 부싯돌로 불을 일으켜서 백성들에게 화식火食하
는 법을 가르쳐 주었다고 함.

신농神農; 고대의 전설적인 제왕. 백성들에게 농경법을 가르치고, 시장을 설
치해 교역을 터놓았다고 함. 농업의 신, 의약醫藥의 신, 역易의 신,
불의 신으로 추앙받음. 염제炎帝라고도 불림.

용봉龍逢; 하나라의 마지막 임금인 걸왕의 신하 관용봉關龍逢을 말한다. 걸왕
의 폭정을 간하다가 죽임을 당함. 충신의 상징으로 불린다.

전성자田成子; 춘추시대 제齊나라의 대부 진항陳恒을 말하는데, 제나라 간공簡
公을 죽이고 땅을 차지하였다. 그의 증손자 전화田和는 제나라 강공

康公을 죽이고 제나라를 멸망시켰다.

장홍萇弘; 춘추시대 말기, 기울어가는 주나라 영왕靈王 때의 훌륭한 재상이었으나, 참언으로 죽음을 당했다.

자서子胥; 춘추시대 오나라의 오원伍員을 말함. 오나라의 왕 부차夫差를 도와 나라를 일으켰으나, 나중에는 모함을 받아 죽음을 당한다.

공수工倕; 요 임금 때의 유명한 목수. '수'는 이름이다.

최구崔瞿; 초나라의 현인이라고 하나 확실하지는 않음.

환두讙兜; 요 임금 때의 악한 신하.

삼묘三苗; 종족의 이름.

공공씨共工氏; 환두와 마찬가지로 요 임금 시대 때의 악인.

이주離朱; 황제 시대 때 눈이 밝기로 유명했던 사람. 백보 밖에서도 바늘 끝을 볼 수 있었다고 함. 이루離婁라고도 한다.

도척盜跖; 춘추시대 때의 악인. 악당 9천명을 이끌고 전국을 돌아다니며 악행을 했다고 한다.

유아兪兒; 황제 시대 때의 일류급 요리인. 음식 맛을 잘 감별하였음.

양자陽子; 양자거를 말한다.

구작자瞿鵲子와 **장오자**長梧子; 둘 다 옛날의 현인이다. 구작자는 장오자의 제자.

예羿; 하나라 때의 제후로 활쏘기의 명인이었다.

백락伯樂; 주나라 때의 사람으로 말을 잘 감정하였음. 천리마가 있더라도 백락이 있어야 그 가치를 알아본다는 고사에서 임금이나 재상이 인물을 알아볼 때의 비유로 쓰인다.

노래자老萊子; 초나라의 현인으로 효도로 유명하다. 나이 70에도 어린애 옷을 입고 부모를 즐겁게 했다고 한다.

서무귀徐無鬼; 위나라의 은자隱者. '무귀'는 자字이다.

정고보正考父; 공자의 10대 선조. 송나라의 대부였다.

경상초庚桑楚; '경상'은 성이고 '초'가 이름이다. 노자의 제자.

남영추南榮*; '남영'은 성이고 '추'가 이름이다. 경상초의 제자.

문무귀門無鬼와 **적장만계**赤張滿稽; '문'과 '적장'은 성이고 '무귀'와 '만계'는 이름이다. 주나라 무왕이 은나라 주왕을 토벌하기 위해 군대가 나루터를 건널 때 두 사람이 함께 구경했다고 한다.

위영魏瑩; 위나라의 혜왕이다.

전후모田侯牟; 제나라의 위왕으로 환공桓公의 아들이다.

전기田忌; 제나라의 유명한 장수.

계자季子; 위나라의 신하.

화자華子; 위나라의 신하.

대진인戴眞人; 위나라의 현자. 혜시가 그를 위나라 왕에게 천거했다고 한다.

염상씨冉相氏; 삼황三皇 시대 이전에 있었던 무위의 황제.

염구冉求; 공자의 10대 제자 중 하나로 예능과 정치에 밝았음. 자字는 자유子有.

백구柏矩; 노자의 제자.

우왕禹王하나라를 세운 훌륭한 임금. 왕이 되기 전에 요 임금과 순 임금을 섬
　기면서 홍수를 다스렸다고 한다.

자사子祀, **자여**子輿, **자려**子려, **자래**子來; 모두 노나라의 현인이다.

우강禹強; 북해의 신.

자상호子桑戶, **맹자반**孟子反, **자금장**子琴張, **맹손재**孟孫才; 모두 노나라의 현인이다.

호불해狐不偕; 요 임금 때의 현인. 요 임금이 제왕의 지위를 물려주려고 하자
　강에 몸을 던져 죽었다.

무광務光; 은나라 탕왕 때의 현인. 탕왕이 천하를 양도하려고 하자, 돌을 등에
　지고 여수廬水에 빠져 죽었다.

서여胥餘; 은나라 말기 주왕의 폭정을 간하다가 살해된 비간比干이라고도 하
　고, 춘추시대 초나라의 광인 접여接輿라고도 함.

기타紀他; 은나라 탕왕 때의 사람. 탕왕이 무광에게 천하를 양도하려다 거절당
　했다는 소리를 듣고, 다음엔 자기에게 왕위가 돌아올까 걱정해서 강
　에 투신했다.

신도적申徒狄; 고대의 현인으로 임금의 폭정을 간하다가 듣지 않자 강에 투신
　자살함.

광성자廣成子; 무위자연의 도를 터득한 가공의 인물이나, 일설엔 노자라고도
　한다.

원헌原憲; 춘추시대 때 송나라 사람. 공자의 제자로 매우 가난했지만, 굳은 의
　지로 견디면서 도를 깊게 닦았음.

진일秦佚; 가공적인 인물.

관윤關尹; 성은 윤尹이고 이름은 희喜이며, 자字는 공도公度이다. 노자의 제자. 함곡관函谷關의 수령을 지냈기 때문에 관윤이라고 불렀다.

관중管仲; 춘추시대 때 제나라의 재상. 제환공을 도와 부국강병책을 써서 제나라를 춘추오패의 으뜸이 되게 하였음.

단보亶父; 주나라 문왕의 조부로서 덕있는 정치를 펼쳤다. 고공단보古公亶父라고도 불림.

자화자子華子; 위나라의 현인으로 화자華子라고도 불린다.

중산공자 모牟; 위나라의 공자로서 중산中山에 봉해졌다.

용성씨容成氏, 대정씨大庭氏, 백황씨伯皇氏, 중앙씨中央氏, 율육씨栗陸氏, 여축씨驪畜氏, 헌원씨軒轅氏, 혁서씨赫胥氏, 존노씨尊盧氏, 축융씨祝融氏, 복희씨伏羲氏, 신농씨神農氏; 모두 고대의 제왕이다.

첨자瞻子; 위나라의 현인.

백공白公; 아버지가 초나라의 태자였지만, 남의 참소로 인해 왕위를 물려받지 못하자 군사를 일으켰다가 오히려 죽음을 당했다.

동곽자東郭子; 동쪽 성곽에서 살았기 때문에 동곽자라고 불림. 전자방田子方의 스승이라고 함. 동곽순자東郭順子라고도 함.

임회林回; 가나라의 현인으로 망명을 했다.

옮긴이 **장순용**

고려대학교 사학과를 졸업하고 동대학원 철학과를 수료하였다. 민족문화추진회 국
역연수원과 태동고전연구소 지곡서당을 수료한 뒤 보림선원 백봉 김기추 거사 문하
에서 불법佛法를 참구하였다.
역서로는 〈한위양진남북조 불교사〉, 〈반야심경과 생명의학〉, 〈신화엄경론〉, 〈화엄
론절요〉, 〈설무구칭경〉 등 다수가 있고, 편저로는 〈십우도〉, 〈도솔천에서 만납시다〉,
〈허공법문〉 등이 있다.

장자의 눈으로 노자를 보다

초판 인쇄   2017년 1월 23일
초판 발행   2017년 1월 31일

지 은 이 | 林語堂
옮 긴 이 | 장순용
펴 낸 이 | 하운근
펴 낸 곳 | 學古房

주   소 | 경기도 고양시 덕양구 통일로 140 삼송테크노밸리 A동 B224
전   화 | (02)353-9908   편집부(02)356-9903
팩   스 | (02)6959-8234
홈페이지 | http://hakgobang.co.kr/
전자우편 | hakgobang@naver.com, hakgobang@chol.com
등록번호 | 제311-1994-000001호

ISBN   978-89-6071-641-4   93150

값 : 18,000원

이 도서의 국립중앙도서관 출판예정도서목록(CIP)은 서지정보유통지원시스템 홈페이지(http://seoji.
nl.go.kr)와 국가자료공동목록시스템(http://www.nl.go.kr/kolisnet)에서 이용하실 수 있습니다.
(CIP제어번호 : CIP2017001909)